知的生きかた文庫

今日から「イライラ」がなくなる本

和田秀樹

三笠書房

はじめに

イライラをなくすと……心も仕事も人間関係もラクになる！

そもそも、私自身、人一倍「イライラしやすい人間」でした。

けれども、イライラしないようにセルフコントロールをしてきたおかげで、今では**無意味にイライラすることもなく、充実した日々**をすごしています。

関西弁で「イラチ」という言葉があります。「せっかち」とか「イライラしやすい」とかいう意味なのですが、大阪人の気質を表す言葉としても用いられます。大阪出身の私もご多分にもれずというか、通常の大阪人以上に「イラチ」でした。

当時の私は、自動車を運転していて、前の車がモタモタしていると、「お前みたいなヤツがいるから、渋滞が起こるんじゃ」などと、自動車の中で大声を出すくらいの「イラチ」だったのです。道路が渋滞していればすぐに脇道に入るし、左車線があいていればすぐに車線を変更するような運転でした。

さらに言えば、そのころの私は、**「イライラしない人間」を「トロい」**と思っていました。「そんなことだから、あいつは仕事ができないんだ。成功できないんだ」と思って、逆に自惚れていたのです。

たぶん、運が良かったのでしょう。そんな性格でも大きな事故は起こしませんでしたし、勉強でも仕事でも大きなミスをやらかしたこともなく、意外に実害を被らなかったのです。

ただ、私も精神科医という仕事をやっている関係で、「イライラが、人生、仕事にあまりいい結果をもたらさないこと」がだんだんとわかってきました。実際、「イライラしやすい人」は、昔から、高血圧や心臓病などになりやすいことが知られています。

また、「イライラしやすい人」は、自分にも周囲にも完全を求める傾向があります(そうでないとすぐにイライラしてしまうのです)。完全を求めて、自分の思い通りにならないとイライラするということは、歳をとるにつれ相手も自分も完全でなくなることが多くなるわけですから、精神的に落ち込みやすくなっていきます。

これがうつ病の重大な原因ともされているのです。別の説としては、イライラすることで、神経伝達物質が出すぎてしまい、歳をとるにつれて足りなくなるという説もあります。

このように「イライラしやすい人」は、体や心の病に陥りやすいだけでなく、ふだんの仕事でも損をすることが多いのです。

最近の認知科学の考え方では、人間は感情によって判断や思考力がずいぶん変わってしまうことが知られています。イライラしているときの判断というのは、どうしても短絡的になりがちですし、ほかの可能性の検討が甘くなってしまいます。運良く、その短絡的な判断が当たった場合はいいでしょうが、そうでなかった場合、ほかの可能性を想定しない分だけ傷口も大きくなりがちです。

つまり、**同じくらいの能力であれば、イライラしやすい人のほうが成功できる可能性が低くなります**。もちろん、イライラしやすい人と温厚な人なら、人に好かれるのも通常は後者でしょう。

患者さんやだんだん歳をとっていく自分自身を見つめながら、そのようなことを考えるようになって、「イライラは良くない」と強く思うようになりました。まずは自分自身がイライラしないようにセルフコントロールに努めるだけでなく、患者さんへも可能な限り、「イライラしないテクニック」を伝えるようにしています。

「心の免疫力を高める」私の方法

今日からイライラがなくなる――。

本書では、その解説をしていくわけですが、ここで私は「絶対に怒るな」というようなことを言いたいわけではありません。性格というのはそう簡単に変えられるものではなく、私自身も相変わらずイライラはします。

ただ、**少し心がけを変えればいい**のです。

一つ目は、そのまま吐き出すのではなく、ちょっと建設的なことを考えるということ。「必要は発明の母」などと言いますが、じつは「イライラも発明の母」だったりするのです。本文でも触れましたが、「イライラを解決するにはどうすればいいか」という視点から生まれたビジネスは少なくありません。

二つ目は、ほかの可能性を考える習慣です。人に待たされてイライラしているときに、「相手が自分を軽視している」など、マイナス思考に陥るとよけいにイライラします。ただ、ほかの可能性を考えると少しは軽減されるし、視野も広がるはずです。

三つ目は、イライラしているときに重要な判断をしないということ。少なくとも自分がイライラしていることに気づいていれば、ちょっと時間を稼ぐことで、大きなミスは防げます。対人関係にしても、ちょっとひと息置くことで、嫌われなくてすむことは多いのです。

じつは、私の「イラチ」はほとんど治っていないのです（現に血圧は高いままです）。ただ、このようなテクニックのおかげで、最近知り合ういろいろな人から、温厚な人とさえ思われるようになってびっくりしています。

そして、最近、自分のイライラをぶつけるいい方法を見つけました。ブログを書くことです。目下のところ、これが最大のイライラ解消法になっています。イライラを文章化する、それを正当化するためにものを調べる、ほかの可能性を考えていく――これらのことは、文筆業を続けるうえでも血肉になっているのです。

私が言いたいのは、**イライラをなくすというより、上手に付き合い、上手に活用するということ**。それは誰でもできることです。イライラと上手に付き合うことで、社会生活や対人関係がよりうまくいくようになれば、著者として幸甚この上ありません し、そのおかげでイライラが減るという好循環も期待できることでしょう。

和田秀樹

『今日から「イライラ」がなくなる本』●もくじ

2章　あなたが「イライラしなくなる」仕組み

3章 自分の気持ちを「上手にコントロールする」技術

4章 マイナス感情――短時間でプラスにする私の方法

5章 今日から「人間関係がラクになる」コツ

編集協力――山口佐知子
本文イラスト――おおの麻里
本文DTP――川又美智子

1章

イライラをやめる——一番簡単な「人生の成功法則」

イライラをなくすだけで、人生は意外にうまくいく！

嫌なことがあるから、イライラする――。

イライラしているときは、よけいにいろいろなものが不快に感じられるから、さらに嫌なことが増えていく――。

つまり、悪循環なのです。

この「イライラの連鎖」をどこかで断ち切らなくては、人生はとてもつまらなく、味気ないものになってしまいます。

ですから、イライラしたら、「今、自分は、つまらなく、味気ない人生に入り始めているようだ」と考えるといいでしょう。「イライラの連鎖」を断ち切れるかもしれません。

実際、**イライラさえしなければ、人生は意外にうまくいく**のです。

すぐイライラする人は、「イライラ」を軽く考えすぎています。「まさかイライラするだけで、人生がつまらないものになるなんてことはないだろう」と思うかもしれませんが、それが違うのです。

イライラはどんどん増えていきます。

最終的には、積もりに積もったイライラの感情をコントロールできず、人生をつまらなくする「失敗」をしてしまうのです。

たとえば――。

「ついカッとなって、失礼なことを言ってしまった……」

「つい感情的になって、とんでもないポカをしてしまった……」

「魔がさしたとしか言いようがない……」

といった類の**失敗は、積もりに積もったイライラが原因である可能性が高い**のです。

これらは「ついカッとなって……」といった偶然の出来事ではなく、イライラを放置しておいたために、自分の言動にコントロールが利かなくなって起こった必然的な出来事なのです。

また、暴力行為などの犯罪の多くも、初対面の人間による短絡的な行動ではないことがデータとして報告されています。統計によれば、日本の殺人事件の八五～九〇パーセントは、顔見知りによる犯行と言われているのです。

これは、二つのことを意味しています。

一つは、殺人事件の多くは、知らない相手を通り魔的に襲ったり、金品を取ろうとしてついでに命を奪うというものではないということ。

もう一つは、顔見知りが、だんだんと「自分の命を脅かす敵」に変化していくということです。何度も自分と顔を合わせているうちに、イライラを募らせて、あるとき何かのきっかけで発作的に犯行に走る――ということなのです。

毎日の「イライラ」は小さくて目立ちません。

ただ、溜め込んでいるうちに、自分の手に負えないレベルにまで成長し、ある瞬間、暴発してしまう恐ろしいパワーを秘めています。「ついカッとなって……」といった出来事は、その場、その瞬間に生まれた怒りの感情ではなく、毎日のイライラが溜まった結果なのです。その証拠に、知らない相手にいきなりカッとなって殺人にまでいたってしまうというケースは極めて少ないのです。

一つのイライラが増幅して、だんだんと大きくなり、とりかえしのつかないことになる――**イライラする人の人生は、悪循環の典型**と言えます。

だからこそ、今日からすぐ、「イライラの連鎖」を断ち切る必要があるのです。

「仕事のミス」「人間関係のミス」を激減させる法

すぐイライラする人は、必ず孤独になります。

イライラを溜め込んでいくうちに、会社や家族、友人など「すべての人間関係」がうまくいかなくなるので、これは当たり前のことです。ですから、イライラしたときは、「今、自分は、一人ぼっちの寂しい人生を歩き出しているんだ」と思うようにするのもいいでしょう。

人間の脳はイライラを解消できず、溜め込むようにできています。

たとえば、会社で上司に対してイライラしたときのことを考えてみましょう。

このとき、イライラのレベルが小さかったり、イライラがそれほど溜まっていない状態であれば、脳は正常な働きをします。上司に対して、一瞬、イラつきはしますが、「まあ落ち着いて考えよう」といった具合に、脳がイライラを抑制してブレーキをかけるのです。一度、ブレーキのかかったイライラは、時間の経過とともに忘れられて、後には残りません。

ところが、そのイライラのレベルが大きかったり、すでに脳にイライラがかなり溜まっている状態だと、話は違います。

脳が正常に働かず、イライラを正しく処理できないのです。

イライラを抑制してブレーキをかけることができず、結果としてイライラが「感覚的な記憶」のようになって残ります。何に怒ったのかをきちんと覚えていなくても、脳の奥の部分でイライラの感覚だけが残るのです。

これが何度か繰り返されると、後は悪循環のコースをたどるのみ。

イライラの原因となった上司の意見には耳を貸さなくなるし、正しい意見も間違って聞こえるようになります。後で、少しくわしく説明しますが、**イライラは人間のものの見方や判断力まで変えてしまう**のです。ところが、そのために上司が何か言うたびにイライラがよけいにひどくなってしまいます。ともすれば、その上司と親しく話している同僚に対してまでも「自分の敵だ」と勝手に解釈し、その言動に対して、イライラが積もってきます。

この一冊で、人生はこんなにうまくいく！

イライラの連鎖を断ち切る。それだけで
仕事も人生も意外にうまくいく！

さらに悪いことに、イライラというのは、感覚的に伝わりやすい深い感情なので、そのイライラは相手にも伝わり、相手にまでイライラを誘発してしまいます。そのため、人間関係はよけいに険悪なものになっていきます。

これでは仕事がうまくいくはずがありません。

結果的にイライラは、会社での判断ミスなどの失敗を招き、人間関係をダメにする原因となります。さらには、能率も落ちるので、毎日の仕事も滞っていきます。

つまり、「イライラする人」ほど、仕事ができないのです。

このイライラのしくみは、相手が家族や友人のような親しい関係であっても同じこと。むしろ、親密な関係であるほど、こじれたときのダメージは大きいものですから、人生に悪影響を及ぼすことになります。たとえば、**ちょっとしたイライラがきっかけで夫婦関係がどんどん悪くなる**などということは珍しくありません。

このように、「イライラの習慣」は、いずれ暴発する爆弾を抱えているようなものですし、日常的にも自分の能力をそいだりするものなのです。人間関係が破綻しない快適な生活を送るためには、今すぐ、これまで溜まったイライラを取り除く必要があります。

すぐイライラするのは、じつは優秀な証拠？

「自分中心でものを考える」クセがある人は、イライラしやすいものです。

このようなタイプの人は、いつも「悪いのは他人」であって、「自分が悪い」という発想をすることは、まずありません。

何かうまくいかないことがあるとすぐ、「自分は運が悪い」「相手がちゃんとしてくれないからだ」と思い込んでしまうのです。

たとえば――。

「なぜ私は、こんな頭の固い上司の部下になってしまったのか？」

「なぜ私の家族は、私に対してもっと思いやりの気持ちを持てないのだろう？」

「なぜ彼は、私がこんなに気を遣っているのがわからないのだろう？」

といった具合です。

うまくいかないと、すぐ運や環境、他人のせいにするわけです。逆に言えば、このような考えグセがある人は、「イライラ体質が強い」と言えます。

ただ、このような考えグセ、思い込みは、ある意味、当たっているのです。

イライラする人は、実際、運が悪いのです。もちろん、イライラと運には相関関係はありません。ただ、**イライラする人はそのネガティブな考えグセのために、幸せになるチャンスを逃してしまっていることが多い**のです。

いったい、その理由はどこにあるのでしょうか?

この手のイライラする人が幸せになれない理由を解くカギは、「自己愛」にあります。

「自己愛」とは簡単に言えば、「自分を可愛い」と思う気持ち、「自分だけは特別だ」と思いたい気持ちのことです。これ自体は正常なものですが、それがいびつになると人間関係やものの見方に大きな悪影響を及ぼします。つまり、イライラする人が幸せになれないのは、彼ら、彼女らがけっして運が悪いからではなく、「自己評価の高さ」と「自己愛の強さ」によってイライラしてしまうわけです。

精神医学の世界では、自己愛が強すぎる人のことを「自己愛性パーソナリティ障害」と呼んでいます。

要するに、「自分が可愛い」という気持ちが格別に強く、ほかの人間のことは愛せない。あるいは、「自分だけが特別」という気持ちが強すぎて、自分を特別扱いしてほしいとか、ほめてほしいという欲求が強い。または、「自分だけが偉い」と思って、人のことを見下してしまったり、人の気持ちを考えなかったり、理解しようとしなかったりという傾向が強い――これが異常なレベルとなったのが、「自己愛性パーソナリティ障害」です。

その特徴を簡単に言うと、

①「他人に厳しい、他人の気持ちがわからない（共感の欠如）」
②「ほめられたり評価されないと、怒ったりスネたりする（賞賛欲求の異常な強さ）」
③「自分がものすごく偉いと思っている（誇大性）」

ということになります。

いかがですか？

自分のことに置き換えたとき、一つでも思い当たるフシはありませんか？

この三つがそろった場合は、精神医学の世界では病的だと考えるのですが、一つでもあれば、**「イライラ体質が強い」**と考えていいでしょう。

他人に厳しければ、他人が少しでも自分の思い通りに動かないとイライラします。ほめられたり、評価されないとすぐにイライラする人は、よほど成功を続けない限り、イライラすることになります。自分がすごく偉いと思っている人は、普通の待遇でも、「不遇だ」「相手の態度がなっていない」と思うことでしょう。

ただし、自己愛が強い人は、能力が高ければ大成功をおさめることがあります。人を蹴落とすのが平気なうえ、ほめられたいという願望が人一倍強く、また自分を優秀と信じているのでチャレンジ精神が旺盛だからです。

ただ、そうなっても**満たされない思いがあればすぐイライラする**。それが、彼ら、彼女らを幸せにしないのです。さらに言うと、能力がそんなに高くない場合は、成功者にもなれないわけですから、もっとイライラすることになります。

満点より合格点を——「幸福が実感できる」生き方

イライラする人が幸せになる——幸福度を上げる——には、どうすればいいのか？

幸福度を上げるには、「自己評価や自己愛のレベル」を下げることです。

ただ、これは言うほど簡単なことではありません。

自分を「たいしたことのない人間だ」と思うことは誰にでも辛いことだからです。ただ「人間、歳とともに能力が衰えるのだ」というような、自分でも受け入れやすい形で、自己評価のレベルを下げていくのは確かに賢明なことです。

逆のパターンに見えますが、自己愛性パーソナリティ障害には、自分に厳しすぎるというケースもあります。いわゆる完全主義の人や職人気質の人たちです。

彼らは他人に厳しいとは限りません。何でも自分でやらないと気がすまなかったり、他人を責めるより、むしろ自分を責めることのほうが多いからです。

こういう人は、うつ病になりやすいとされています。根の部分で、自己愛が強く、「自分は完璧にできるはずだ」とか「人の助けなんかなくてもできるはずだ」などと信じているところがあるのです。

もちろん、こういう人のイライラは、相手にイライラしているのでなく、思ったほど完全にできない自分へのイラ立ちと言っていいでしょう。ただ、周囲から見るとなぜ不機嫌なのかがよけいにわからないところがあります。

この手の人も、自分に対する要求水準を下げることができれば、あるいは**「完全でなくても合格点でいいのだ」と思えれば、イライラも減る**でしょうし、うつ病の予防にもなるのです。

ただ、それがなかなかできないようです。

そういう意味で、精神分析や認知療法、森田療法などでは、この手の人の自己愛や自己評価への期待のレベルを下げたり、あるいはものの見方を変えたりする治療を行なっているのです。この手の治療がうまくいくと、イライラも減るし、気持ちが楽になるということが多いようです。

「心の中にいる暴君」を上手に追放する法

実際、現代のアメリカでは、精神分析に通う人の多くは、自己愛性パーソナリティ障害の人と言われています。

やはり、精神分析が、彼らを楽にするのでしょう。もう一つの理由として、成果主義を奉じるアメリカの企業文化の影響を見ることができるように思います。

現在、アメリカでは、膨大な費用と時間がかかる精神分析に、保険会社が費用を出してくれなくなりました。

つまり、お金持ちや成功者しか、精神分析を受けられなくなってしまったのです。するとほかのタイプの心の障害と比べて、自己愛性パーソナリティ障害の人に、世俗的な成功者でお金持ちが多いために、そういう人たちが精神分析の主たる客層になってきました。

ドライな人間関係、ドライな能力評価、ドライな雇用体系……成果主義とは、極端な言い方をすれば、利益のためには平気で「人の心」を犠牲にするシステムです。さらに言えば、同情などしないで、賃金をカットしたり、人をクビにできるシステムとも言えます。

このようなシステムで成果を上げたり、評価されたりするタイプは、自分のためであれば、人を平気で犠牲にできる「暴君型タイプ」の人と言っていいでしょう。

つまり、**成果主義とは、「暴君型タイプ」の人が人の上に立つ仕組み**になっているのです。アメリカのような競争社会では、自己愛が強すぎることは――自己愛性パーソナリティ障害であっても――ビジネス上で有利に働くことがあるのです。

では、そのような「暴君型タイプ」が、なぜ精神分析に通うのでしょうか？

イライラはしていても、周囲はペコペコしてくれるし、社会的に見れば成功者なのですから、精神分析に通うというのは、少し不思議かもしれません。

アメリカでも、精神病や精神障害に偏見が残っていないわけではありません。ただ、それ以上に、専属のカウンセラーや精神分析医を持つことが、むしろステータスと思われていることが多いようです。ですから、お金のある人や社会的地位の高い人は、ちょっとしたことで精神分析に通ったりするわけです（呼び寄せたりすることもあるようです）。

いずれにせよ、**「暴君型タイプ」の人は、慢性的に欲求不満を感じたり、むなしさを感じたりして、他人の愛を受け入れることができない「病んだ心」になっています**。

たとえ、成果主義のシステムで評価され、社会的には成功していても、プライベートでもドライな人間関係しか築けなかったとしたら、心はどんどん辛いものになっていくでしょう。

そうでなくても、アメリカ社会には、同僚や部下などに弱音を吐くことが恥ずかしいとされ、ときには信頼やリーダーシップを失う文化的土壌があります。妻や夫にさえ、本音をもらして、それを相手が気にいらないと、離婚の材料にされることすらあるのです。

そのうえ、あらゆる人間関係を「成果と報酬の関係」と位置づけてしまえば、当然、他人の愛など受け入れることができるはずもありません。

また、**高すぎる自己評価のために、相手の称賛が十分なものと思えず、いくら称賛を受けても心が満たされない**というのが、この手のパーソナリティの問題です。さらに共感能力が足りないために、人の好意や愛を本物のものとして受け入れることもできません。本人もそこで悩み、精神分析に通うというジレンマが生じるのです。

二〇〇九年に亡くなった、歌手のマイケル・ジャクソンも、自己愛性パーソナリティ障害の被害者ではないかと思うことがあります。

スターだからこそ、彼の下には多くの人が集まってきました。ただ、彼らの目的は、マイケル・ジャクソンの「お金」であったり、「名声」であったり、「人脈」であったりと、「成果と報酬の関係」が多かったのではないでしょうか。本当に愛してくれる人がいても、彼にはそんなふうにしか思えなかったのかもしれません。

そのような環境が、彼のイライラや孤独感を大きくしたのではないでしょうか。

彼は精神分析医にかからなかったのか、信頼できなかったのかわかりませんが、最後に主治医となった医者は、心臓の専門医で、心の専門家ではなかったようです。鎮痛剤や睡眠剤は大量に処方していたようですが、心のケアはしっかりできていなかったのかもしれません。

いずれにせよ、イライラが元で、自分の幸せ——才能や名声や大金やファンや周囲からの愛——を実感することができなかった典型的なケースと言えるでしょう。

仕事、家庭……「自分の財産」がすべて見つかる！

「暴君型タイプ」は、日本でもけっして珍しくありません。

私たちの日常生活レベルに話を戻すと、**とくにプライドが高い人は要注意**です。

「自分はこんなにがんばっているのに評価してもらえない。なんて無能な上司なんだ」

「俺はこんなにカッコいいのに気がつかないとは。なんて見る目のないバカな女だ」

といった具合に、自己愛が強いあまり、プライドだけは並よりも高くなっている人は、前述の「暴君型タイプ」と近いものがあります。

そのような人は、自己評価と他人からの評価の違いが大きく、人一倍イライラしやすいという面もあります。さらには、**イライラするあまり、自分の足元にある幸せに気づかない**ことも往々にしてあるのです。

自己愛性パーソナリティ障害の治療は、これまで満たされなかった自己愛を満たしてあげることが基本になります。

さらに言うと、「成果と報酬の関係」以外の価値観を体験させる。

つまり、これまでの実利追求の周囲の人とは違う形で愛したり、理解してあげることが必要です。具体的には、たとえば「万が一、仕事で成果が出なかったり、会社をリストラされたりしても、自分には変わらず愛してくれる妻や子どもがいるではないか」と、本人が自然に感じられるように仕向けていくのです。

もちろん、これは簡単なことではありません。

ただ、このように感じられるようになってくれば、「イライラの習慣」も次第に弱まっていきます。イライラする気持ちもおさまって、仕事、家庭、愛情などなど、自分の足元にある幸せに気づくようになるかもしれません。

もちろん、そこまで重症でない人でも、人間関係についての見方や、自己評価のレベルをちょっと変えることができれば、不安、不満がなくなってくるはずです。

そのようにしてイライラをコントロールすることで、幸せはつかめるのです。

イライラを「仕事エネルギー」に転化する法

イライラを自分の中で増幅させない。

イライラを他人に見せない。

その途端、仕事での才能が一気に開花するケースがあります。

私たちがイライラするときは、無意識のうちに意外と大きなエネルギーを消費しているのです。したがって、そのイライラを建設的なエネルギーに変えるだけで、そのエネルギーを仕事に向けることができるわけです。

たとえば、こんな話があります。

付箋紙は、今ではオフィスの必需品として広く普及しています。ちょっとしたメモをしたり、目印にしたりと幅広い用途は使い勝手が良く、私も重宝しています。この商品の優れているところは、ピタッと貼れるのに用事がすめば、サッと簡単に剥がせる点でしょう。

この**付箋紙が誕生したきっかけが、「イライラ」だった**と言われているのです。

時代をさかのぼって一九六〇年代のこと。当時、アメリカの大手化学メーカーの3M社は、接着剤の失敗作をつくってしまいました。その失敗作には「すぐ接着できるけれど、すぐ剥がれてしまう」という欠陥があったのです。用途のあてもないまま数年が経過します。

ところが、あるとき、同社の研究員アート・フライの頭に、その失敗作の使い道が閃くのです。

それは彼が、教会の聖歌隊に入っていたことからはじまります。賛美歌を歌おうとして歌集を開くたびに、目印に挟んであったしおりが落ちてしまうのです。落ちたしおりを何度も拾いあげているうちにイライラした彼は、「どうにかならないものか」と考えます。

そこで思い当たったのが、例の失敗作なのです。

彼は、その失敗作を別の用途に使ってみたのです。「しっかり貼れて、きれいに剥がせるメモ用紙はニーズがあるのではないか？」――そんな思いから、改めて開発されたのが裏に糊のついた付箋紙だったのです。

つまり、イライラしたとき、**「このイライラをどうにか活かせないか」と考えた瞬間、イライラが建設的な方向に向かった**わけです。そればかりか、そのイライラは仕事エネルギーに変わり、ビジネスのアイデアを生み出しました。そして、そのアイデアは見事にビジネスチャンスとなったのです。

ビジネスの世界では、これと同じように、「このイライラをどうにか活かせないか」という発想から成功が生まれることが珍しくありません。

私の成功例――イライラを「ベストセラーに変えた」！

イライラの多くは、ごく一般的な欲求不満から生じるものです。

ということは、ほかの人も同じような不満を持っていると考えられます。

ですから、「このイライラをどうにか活かせないか」という発想は、世間一般のニーズを見極めることにもなります。それが解決できれば、多くの人が喜ぶし、お金を得ることにもなりうるのです。

たとえば、今や東京の地下鉄のホームで多く見かけるようになった、「のりかえ便利マップ」。

これも**イライラがビジネスにつながった**好例です。

目的の改札口に近い車両やエレベータのある場所などが、駅ごとにくわしく表示されているこの案内図は、福井泰代さんという女性ベンチャー経営者のアイデアです。

当時、福井さんは専業主婦でした。夏の暑い日にベビーカーを押しながら、エレベータを探しているうちに「のりかえ便利マップ」のアイデアが浮かんだといいます。

むずかる赤ちゃんと一緒にエレベータを探して、ホームを端から端まで行ったり来たりしているときはイライラも最高潮に達していたでしょうが、イライラしただけでは終わらないのが福井さんの成功のポイントです。

「同じようにイライラしているお母さんは多いはず」――そんな思いからビジネスチ

ャンスが生まれたのです。

イライラの原因をきちんと見極め、建設的な方向に向けて、それをビジネスのエネルギーに転化する。その結果、全国に約二万五〇〇〇人の地域特派員を抱え、交通や地域情報をインターネットで展開する大きな企業を誕生させたのです。

私たちは誰でもイライラするものです。

大事なのは、その**イライラを一時停止して、視点や方向を変えられるかどうか**——それができるか否かで、仕事の成果は大きく変わっていくのです。

じつは、私もイライラのエネルギーをなるべく建設的な方向に向けようと考えるようにしています。

私の現在の文筆業のネタの多くは、ちょっとしたイライラを、ほかの人もイライラしていることに違いないと思い、それに理論武装する形でつくられています。

二〇一〇年、ベストセラーになった『テレビの大罪』（新潮社）という本は、テレビを見ていてイライラしたことを元に、いろいろな統計データなどを補強することで、「まともなテレビ批判書」をつくった成功例だと自負しています。

私が、文筆家としてデビューし、いきなりベストセラーを出すことができたのは、

イライラは仕事に活きる

仕事エネルギー
——失敗を成功に転化する「すごい方法」

受験勉強法の本（『受験は要領』という本です）がきっかけなのですが、これもイライラが元になっています。

大学受験時代、私は勉強をそれなりにやっているつもりでも、クラスの優等生に勝てない時期がありました。数学の問題一問を解くのに、三〇分も一時間もかかっていたのです。

これはイライラ体質の私には耐えられない時間でした。

こんなことをやっていたら、一生かかってもできる奴には追いつけないと思った私は、ちょっと考えてできなければさっさと答えを見て、数学の解法を覚えるようにしたのです。そうして、とにかくどんどん勉強を進めるようにしました。

すると、驚くほど成績が伸びて、高校三年生のころには、映画を年に三〇〇本も観ながら、東京大学の理科Ⅲ類に現役合格できたのです。

時間にケチな私が、**少しでも時間をかけないで勉強をする工夫をした賜物**と思っています。そして、それを本にしたおかげで、現在の自分がいると言っても過言でないでしょう。

「食事前」と「睡眠前」にイライラの芽は摘んでおく

私たちはイライラすればするほど、自分の体にダメージを与えることになります。
これは「ストレス医学」での重要なテーマです。
実際、イライラばかりしていると、「心筋梗塞や脳卒中になりやすい」のです。このようなイライラしやすい性格をタイプAと言うのですが、そういう人は心臓病のリスクが高いことがわかっています。

イライラは、心ばかりか体にとってもマイナスであることは確かです。

目安としては、「一日一回、イライラすること」があるかどうか——。

これが「危険信号が点灯しているかどうか」の判定材料になるでしょう。

要するに、ふだんの生活でもイライラするかどうかです。たとえば、職場で部下の仕事がちょっと遅いとか、家庭で「あれ」とか「これ」といった指示代名詞を使うと、相手が何のことかすぐにわかってくれない——こんなレベルでイライラするようであれば、タイプAと言っていいでしょう。

イライラが体に悪影響を及ぼすと考えられている理由は、自律神経のバランスが崩れるという点です。私たちの体にある自律神経には、交感神経と副交感神経という二種類があります。交感神経は、体が活動したり心が緊張したりするときに活性化し、副交感神経は体が休息したり心がリラックスしたりするときに活性化します。

具体的には、仕事や家事に従事している日中は交感神経が、寝ている夜間や食事中は副交感神経が、それぞれ優位に活性化しているということになります。この両者がバランスよく交互に活性化されることで、私たちの体と心の健康は保たれていると言ってもいいでしょう。

ところが、イライラすると、このバランスがあっという間に崩れるのです。自律神経のバランスの崩れは、これを放置しておくと「かなり危険なこと」に発展する恐れもあるので注意が必要です。

それでは、なぜ「**イライラが私たちの体を危険にさらす**ことになるのか」をご説明しましょう。

私たちがイライラしているときは、体の中で交感神経がとくに活発になっています。

交感神経は、ほどほどに活性化しているときには私たちの活動の原動力になりますが、活発になりすぎるとかえって体にとって危険な因子となります。

なぜなら、交感神経が活発になりすぎると、血圧や心拍数は上昇し、汗が大量に出たり、息があがったりと一種の興奮状態になるからです。これが続くと体のエネルギーを消耗するペースが早くなりますし、心臓への負担も強まります。

さらに、交感神経が過剰に優位な状態が続けば、副交感神経の働きが悪くなります。

「夜、その日に起きた出来事を思い出してイライラしたら、寝つきが悪かった」

「イライラしながら食事をしていたら、全然おいしくなかった」

といったことは、副交感神経の働きが悪くなっていることで起こると考えられます。

つまり、**イライラは睡眠や消化活動にまで悪影響を与えてしまう**のです。イライラの頻度が高かったり継続的であったりすれば、睡眠不足や胃腸の調子が悪くなるのも当たり前ということになるでしょう。たとえば、外食をしているときに、注文の品がなかなか出てこなくてイライラするタイプの人は、それだけ副交感神経の働きを悪くして、消化にも悪影響を与えてしまうのです。

統計上も、タイプAの人は明らかに心筋梗塞などの虚血性心疾患になる確率が高いことがわかっています。

また、生活習慣病の代表格である脳卒中は、高血圧や動脈硬化が強く関与していると考えられていますが、これもイライラが寄与していないとは言い切れません。イライラすると血圧が上がるため、脳卒中のリスクは高まります。また、脈拍が速くなれば心臓に負担がかかってしまいます。

イライラが体に良くないことは火を見るよりも明らかなのです。

怒りを「薬」に変える法がある――アグレッション

イライラする人は、異性からモテない――。

これは当然のことです。

イライラというのは、見ている人を嫌な気持ちにさせますし、人間ができていない印象を与えてしまいます。そういう人間と長いあいだ一緒にいたいと思う人はそれほどいないでしょう。

ですから、「モテない」どころか、非常に損をしています。本人が気づかないうちに「敬遠されるほど疎ましい存在」に思われてしまっているのです。

イライラする人が、そこまで疎んじられてしまう原因について、精神分析の理論では、無意識の「アグレッション」が関与していると考えられています。

「アグレッション」とは、「怒り」や「攻撃性」を意味します。

さかのぼれば、精神分析の祖であるフロイトの時代から使われている言葉です。フロイトは当初、生の本能（エロス）というものを想定し、そこから出るエネルギーをリビドーと呼びました。のちに、死の本能（タナトス）もあるのだと主張し、そこから出るエネルギーをアグレッションと呼んだわけです。

私たちは、生まれつき「アグレッション」を持ち合わせていますが、成長する過程で強弱のバランスをつけていくことを学習します。つまり、誰にでも喜怒哀楽の感情があるように、アグレッションを持っているからといって、すべてが悪い方向に向かうということではないのです。

「怒り」や「攻撃性」は、使い方次第で「毒」にも「薬」にもなるからです。

イライラしない人のアグレッションは「薬」に変わることで成功します。

その良い例として、巨匠パブロ・ピカソの名作『ゲルニカ』があります。ピカソの描いた『ゲルニカ』は、スペインのゲルニカという小さな街を題材にした作品です。この作品には、一九三七年にドイツ空軍の爆撃を受けて崩壊したゲルニカへのピカソの思いが詰まっていて、見る人の心にやるせなさを残します。

『ゲルニカ』が人を感動させるのは、「なぜ戦いが起きてしまったのか？」という悲しみに加え、「なぜゲルニカ市民は殺されなければならなかったのか？」という怒りが、ピカソをキャンバスに向かわせるエネルギーになったからでしょう。

つまり、このときピカソのアグレッションは、人々の心をつかむ「薬」として形を成したことになります。

一方で、パーソナリティが未成熟な人は、アグレッションを直接人に向けやすく、それが強いものになりがちです。当然、これは相手を不愉快にさせるはずです。

また、精神分析の理論では、そういう人のアグレッションは、無意識のうちに相手の中に投げ込まれて、相手の中にアグレッションを生んでしまうとしています。そこで相手も不愉快になったり、**イライラするので、人間関係が急に悪くなってしまう**のです。

この手の「無意識の心理のキャッチボール」が本当に起こっているかどうかについては、疑問を持つ理論家も少なくありませんが、経験的に見て、イライラやアグレッションは他人に伝わるのは確かでしょう。

これでは、人に好かれるはずもないし、ましてや**異性にモテることはとても難しくなってしまいます**。

「こんな人と恋愛してはならない！」――異性に毒を吐く人

人は、異性の「毒」に敏感に反応します。

ですから、イライラする人を敬遠することになります。

精神分析の考え方では、無意識のアグレッションが人一倍強いとされる未成熟なタイプの人は、アグレッションが強いときは、心の中が「アグレッション一色」になります。ただ逆に、相手に好意を持っているときは、心の中は「リビドー一色」になってしまうとされています。

このため、恋愛ではかなり情熱的になります。一度、好きになったら相手のために全力を尽くし、愛情を注ぎます。そのため、異性からモテることも珍しくありません。ただ、このアグレッションが顔を出したときが怖いのです。

この手の人は、愛する人に嫌いなところもあるということが許せません。ですから、愛するときは盲目的に愛する代わりに、嫌いになると徹底的に嫌いますし、憎んでしまうのです。

そのうえ、相手を嫌いになったときの「攻撃性」たるやそうとうなもので、ターゲットを徹底的に攻めるようになります。見捨てられることへの不安感も強く、ストーカー行為に走ったり、暴力沙汰に及ぶことさえあります。つまり、**アグレッションが強ければ強いほど、危険性をはらんでいる**わけです。

マイケル・ダグラス主演の映画『危険な情事』を考えるとわかりやすいでしょう。

この映画は、たった二度の男女の過ちが、すさまじい事件に発展していくといったものです。マイケル・ダグラスが演じる妻子ある男性は、ある女性と過ちを犯してしまいます。相手は聡明な美人。つい、誘惑に負けてしまうのです。

ところが、過度な愛情が報われないことを知るやいなや、彼女の激しいストーカー

理想の男性・理想の女性になる法

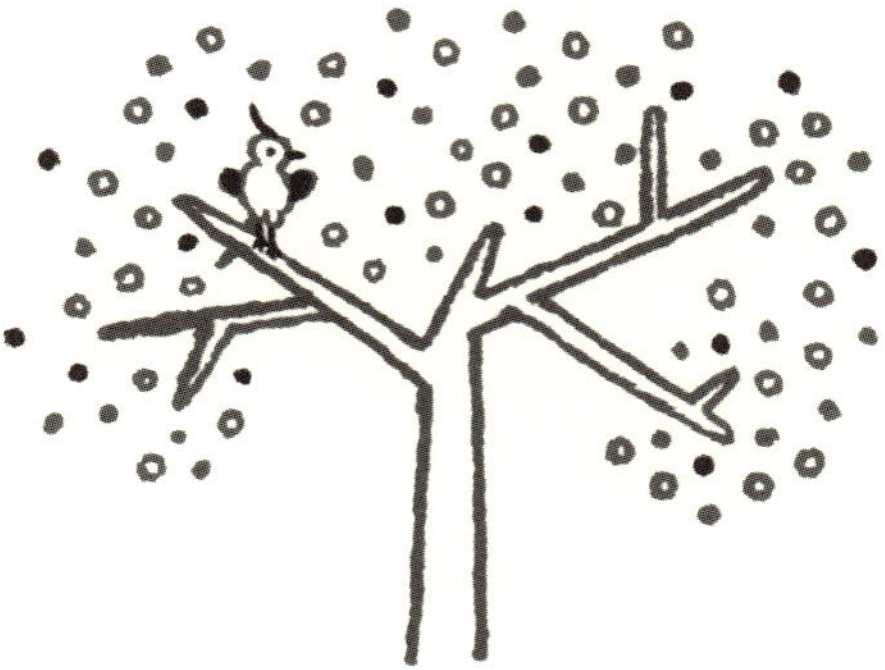

イライラをやめるだけで魅力的に映る。
だから、理想的な異性と巡り合える！

行為が始まります。

男性の留守中に家に上がり込んでいたり、飼っていたペットのウサギを殺めてしまったり、果ては子どもをさらったりと犯行はエスカレートしていきます。その男性を待っているのは家庭崩壊のみ――まさに最悪の結末です。

この女性こそ、強いアグレッションが「毒」になってしまう人物の典型と言えるでしょう。

イライラする人がモテないのは、その場のイライラで相手に不快感を与えるだけでなく、そのイライラがこのような激しい「毒」に変わるので、関係性が長続きしないという問題もあるのです。もちろん、そこまでパーソナリティが未成熟な人はそう多くはありません。

ただ、**イライラを溜め込まないだけで、人間が成長したように見えるし、関係性も長続きする**ものです。その結果として、別人のように異性からモテ始めるということもあるのです。

ついでに言うと、現在は、昔と比べ物にならないくらい離婚の多い時代です。

夫が職場で嫌なことがあったイライラを妻にあたる、というようなことが続くと簡単に離婚というケースも増えているに違いありません。また、テレビではよく恐妻家の芸能人が話題になりますが、あのレベルで妻が夫にイライラをぶつけていくと、あっさりと離婚ということも珍しくないようです。

イライラをうまく処理したり、イライラを溜めないことが、平和な結婚生活を送るためにも必須になりつつあると言えるでしょう。

自分の「イライラのレベル」を知っておくと、効果大！

「たいした大学を出ているわけでもないのに、なぜアイツだけが年収一〇〇〇万円ももらっているのか？」

「仕事ができるわけでもないのに、配属部署に恵まれただけで、なぜアイツだけが出世するのか？」

このように、私たちは、**誰かをうらやましく思ってイライラする**ときがあります。

ただ、このタイプのイライラは、さほど重い問題にとらえる必要はないでしょう。

「俺も負けてはいられない」といったように、イライラが原動力となって一念発起するケースもあるからです。

注意すべきなのは、ねたみ、そねみ、嫉妬に化けるようなイライラです。

このようなイライラは一念発起の原動力となるどころか、自分の信頼性まで失うことになりかねません。

イライラが元で起こる嫉妬は、周囲から低レベルなものに見えるため、結果的に、上司や同僚、後輩、友人からの信頼を失ってしまうことになるものです。また、相手を引きずり降ろそうということにばかり気持ちやエネルギーがいくので、自分も成長できないうえ、相手から恨みを買ってしまうことも珍しいことではありません。

ここで、自分のイライラが低レベルなものかどうか、確かめてみましょう。

次の質問に答えてください。

Q．あなたには、仕事上での実力が伯仲(はくちゅう)している同期のライバルがいます。先日、その同期があなたより先に昇進する人事が発表されました。

それを知ったあなたは、どう感じると思いますか？

これは、あなたの人格を試す「人格者テスト」のようなものです。

あなたにとってはおもしろくない想定であることは確かでしょう。

実力が同じくらいなら評価も平等であるべきなのに、ライバルだけが昇進したのではイライラするのも当然のことです。

人格者テストで、あなたの答えが、「同期には負けたくない。すぐに追いついてやろう」といったものであれば、少なくとも低レベルのイライラでないことは確かです。イライラを原動力にできる向上心旺盛なタイプと言えるでしょう。

このような感情を、精神分析の理論では「ジェラシー型」の嫉妬と呼びます。目標やライバルに対して、自分の実力を伸ばすことで、追いついたり勝ち抜いたりしようとする「ポジティブな嫉妬」のことです。

しかし、あなたの答えが「同期が自分より先に昇進するなんてありえない。足を引っ張ってやろう」といったものであれば、まさに**低レベルのイライラと言っていいでしょう**。そして、同期の失敗を願い、仮に現実として相手が願ったとおりに失敗すると、自分に良いことがあったわけではないのに、うれしい気持ちになるという心理が働くタイプです。

このような感情は「エンビー型」の嫉妬と呼ばれています。**嫉妬の対象である相手のことをただうらやみ、憎むだけで、自分では努力をしません。**そして、陰口や文句を言うことで相手をおとしめて相対的に自分の立ち位置を上げていこうとする「ネガティブな嫉妬」のことです。

「ライバルの成功＝自分の失敗でない」ことに気づく

著名なスポーツ選手や芸能人が逮捕されたり、有名な政治家が失言をしたとき、ワイドショーを見てスッキリするという心理があります。

これなどはまさに、「エンビー型」の嫉妬の典型例と言っていいでしょう。

日ごろから、そのスポーツ選手なり芸能人の成功に対して、自分とは関係ないにもかかわらず嫉妬してイライラしていたために――もちろん、その有名人にイライラしているというより、成功し、幸せな暮らしをしている人全般にイライラしているということですが――彼らがワイドショーの標的になったことで溜飲を下げるわけです。

ワイドショーを見て「そうだ、そうだ！」と加勢しているだけの視聴者を冷静な気持ちで見れば、その裏側には嫉妬の気持ちがあることは否めないと思います。そして、それは、人から見てもはっきりわかるものなのです。

同じように、私たちの日常生活でも「エンビー型」の嫉妬は周りに見抜かれていると思っていいでしょう。「エンビー型」の嫉妬は、低レベルであるために目につくという特徴があります。そのような**嫉妬からイライラしていると、周りはその人に失望し、信頼しなくなる**。これが、イライラする人が信頼されない仕組みです。

肝心なのは、他人の成功に対してイライラしても、自分にはなんのメリットもないことに気づくこと。相手が落ちても自分が上がるわけではないからです。

日本人は意外に「エンビー型」の嫉妬に寛大なところがあります。

キリスト教圏では、成功者にひがんでいるところを見せるとバカにされたり、それが罪深いこととされるのですが、日本の場合は、判官びいきという心理もあるように、勝っている人間を批判して、負けている人間同士で愚痴を言い合うのは比較的受けがいいのです。

こういう形で傷口をなめ合うような付き合い方をしていると、お互い、進歩がないままの愚痴仲間ということになります（メンタルヘルスの上ではそれでもいいかもしれませんが）。ただ、それも程度問題で、あまりに愚痴が多いと、その愚痴仲間からさえも愛想をつかされてしまいます。少なくとも、「エンビー型」でいる限り、そんなに得な人生は期待できません。

一方で、日本人は「ジェラシー型」の嫉妬を応援する気持ちもあります。周囲からいじめられたり、バカにされる境遇から這い上がるような、ど根性ドラマを日本人が好きなのは、この心理をよく表しています。

最近は、この手のど根性ドラマが減ってきましたが、私は関西人のせいか、この筋書きにとてもシンパシーを感じます。私のつくった『受験のシンデレラ』という映画もこの「ジェラシー型」の物語そのものです。この手の話は海外でも受けるようで、モナコ国際映画祭でグランプリをいただきました。

いずれにせよ、ど根性ドラマは、「絶対に、見返してやれよ。応援するから」と共感を誘いやすいのです。結果として「エンビー型」の**イライラをやめるだけで、周りからの信頼を勝ちえるだけではなく、自分の気持ちも軽くなります。**

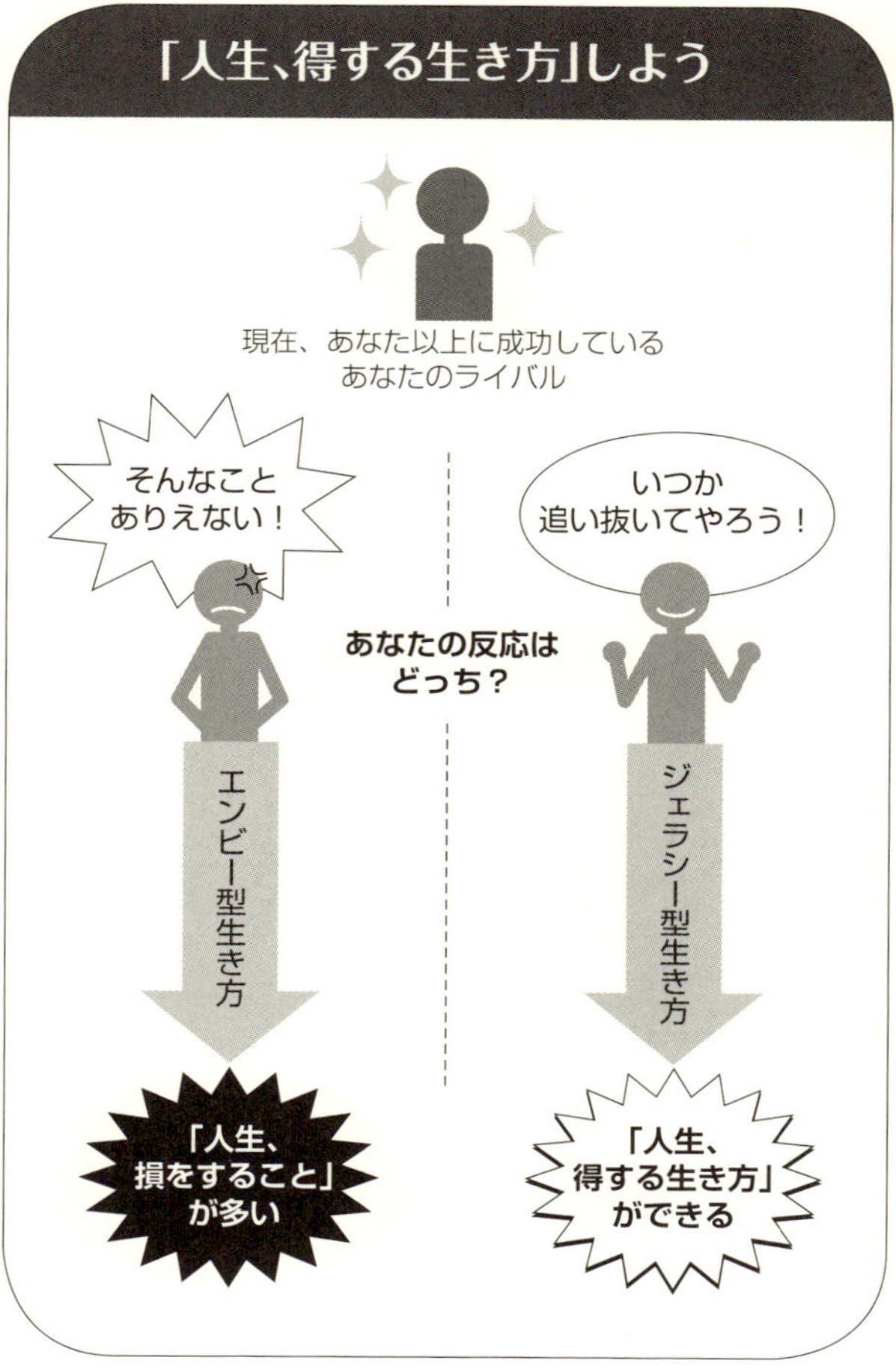
「人生、得する生き方」しよう
現在、あなた以上に成功している
あなたのライバル
そんなこと
ありえない！
いつか
追い抜いてやろう！
あなたの反応は
どっち？
エンビー型生き方
ジェラシー型生き方
「人生、
損をすること」
が多い
「人生、
得する生き方」
ができる

もちろん、人が「エンビー型」の嫉妬を持ちやすいか、「ジェラシー型」の嫉妬を持ちやすいかは、パーソナリティの成熟度に負うところが大きいとされているので、一朝一夕には変えにくいかもしれません。

でも、逆に言うと、それほどパーソナリティが未成熟ではない人の場合は、この二つのタイプの嫉妬があることに気づいて、**意識するだけで、「エンビー型」の嫉妬がエスカレートすることが避けられる**でしょうし、それを使って「見返してやろう」という気持ちになることも可能です。

どうしても、「エンビー型」の嫉妬が出そうなときは、親しい友だちなどにだけ愚痴をこぼして、その場で解消して、それがエスカレートしないようにすることも、自分のメンタルヘルスや成功のためにも重要だと覚えておいてください。

「イライラしても、イライラを続けない」——ここから始める

仕事やプライベートで、いつでも正しい判断ができる人のほとんどは、「イライラ

をやめた人」です。

かつては多くの人たちと同じようにイライラしていた人でも、自分のイライラに気づき、イライラをうまくコントロールできるようになれば、心が落ち着いて楽になります。つねに心が落ち着いていれば冷静な判断もでき、おおらかな気持ちで人に接することができるのは当然のこと。したがって、仕事やプライベートでうまくいくのは、これまで書いてきたとおりです。

逆に、「もしも、イライラするのをやめずにいたらどうなるか？」ということを考えてみましょう。

前述のように、イライラを続けていくと交感神経優位になるために、高血圧や虚血性の心疾患になりやすかったり、消化に悪影響を与えて胃潰瘍になりやすくなったりします。そのほかに注目されていることに、中高年以降であれば、**激しいイライラが続いた挙げ句、うつ病を患ってしまう人がいる**ことも珍しくありません。

「イライラをこじらせるとうつ病になる」のです。

イライラとうつ病——外に向けられた感情と自分に向いている感情という、一見、相反する二つのことがらのようですが、いったいなぜ関係があるというのでしょう？

その答えを探るヒントは神経伝達物質にありました。

神経伝達物質とは、私たちの脳や脊髄など中枢神経系に分泌されている物質のことを言います。よく聞くところでは、ドーパミンやアドレナリン、セロトニンなどが代表的な神経伝達物質です。これらは名称や細かい役割こそ異なるものの、いずれもなんらかの情報を伝達する働きを持つという点では共通しています。

たとえば、私たちが映画を観て涙を流したり、楽しいことがあって笑ったりするときなども、これらの神経伝達物質が喜怒哀楽という感情の伝達をしているからにほかなりません。

もちろん、イライラするときも同じ。

言い方はおかしいかもしれませんが、イライラするための神経伝達物質がしっかり分泌されているからこそ、私たちがイライラできるというわけです。少なくとも、**イライラしていると交感神経が優位になるため、ノルアドレナリンなどの神経伝達物質が盛んに分泌される**ことになります。

だとすれば、「神経伝達物質があるためにイライラしてしまうのならば、分泌をストップさせればイライラしなくなるのではないか?」——そんなふうに考える人もいるかもしれません。

確かに、統合失調症や認知症などで精神が不安定になった患者さんについて、神経伝達物質をブロックすることで興奮状態を抑える薬はあります。

しかし、神経伝達物質をブロックすると、イライラを抑えるだけではなく、すべての精神活動が抑えられ、思考力なども衰えてしまいます。正常の人のイライラを止めるのにも使えなくはないのですが、眠気も強くなり、すっかり活力を失ってしまいます。ひどい場合は、「どうせ自分なんて、何をやってもダメなんだ」とうつ状態にまでなってしまうのです。

ということで、イライラを止めるのに薬はなるべく使いたくないのですが、イライラが続くと、交感神経が疲れ、ノルアドレナリンなどの神経伝達物質が枯渇していくことになります。

若いころであれば、神経も強いし、ノルアドレナリンの生成能力が十分なのでしょうが、だんだん歳をとってくると、神経も弱くなるし、神経伝達物質をつくる能力も衰えてくると考えられています。そのために、**イライラを続けてきた人が、急に気力のない状態になってしまう**のでしょう。

イライラが続くとうつ病になってしまう理由は、神経伝達物質が枯れてしまうから、ということになります。

簡単に言うと、激しいイライラが続くと神経伝達物質が放出されっぱなしの状態になります。そのため、時間がたつにつれ神経伝達物質がつくられるより、放出される量のほうが上回ってしまって、足りない状態になってしまうのでしょう。そして、果てはうつ病になってしまう可能性も出てくる、という負の連鎖が生じることになります。

イライラしながらもバリバリと働いていた会社員が、中高年になって突然、うつ病を患ってしまうことがときどき起こるのも、このような理由もあるのではないかと考えられています。

四〇代から「絶対に知っておくべき心の健康法」

歳をとるということは、神経伝達物質をつくる能力が衰えるだけでなく、もう一つ

の問題が生じます。

感情のコントロールの機能を司る、脳の前頭葉という場所がだんだん縮んでくるので、イライラをコントロールする能力も衰えてしまうのです。

じつは、キレる老人が多いというのもこのためだと考えられています。

そのため、若いうちにイライラをコントロールする能力を身につけておかないと、歳をとってからでは手遅れになってしまうこともあります。しかも歳をとってからだと神経伝達物質の枯渇も早く起こってしまうのです。

ですから、心の健康のためには、**遅くとも四〇代のうちにイライラのコントロール能力を身につける必要がある**のです。

もう一つ、大事なことがあります。若いころはイライラすることもなかったのに、最近、急にイライラするという場合です。これはじつはうつ病の前兆だったり、すでにうつ病になってしまっている可能性があるということです。

意外に知られていないうつ病の症状に、精神運動興奮というものがあります。これはうつ病のためにセロトニンという神経伝達物質が足りなくなり、すぐイライラするようになってしまう状態のことです。これは、脳内のセロトニンを増やすタイプの薬を服用すると改善されます。最近、とくにイライラするようになったという場合、もし不眠や食欲不振を伴うようなら、精神科医に行くというのも一法かもしれません。

ちなみに、フロイトの説によれば、いくつか種類のあるイライラの中でも、**うつ病の危険レベルが高いのは「自分に向かったイライラ」**ということです。精神分析の祖、フロイトは、死の本能からアグレッションのエネルギーが出る方向性を二つ想定しました。

一つが他人に向かう攻撃性で、もう一つが自分に向かう攻撃性です。

後者が無意識のうちに強いレベルで起こると、自分を責めすぎて、うつ病になってしまうと考えたのです。この説の真偽に対しては、今の時代にはいくらか疑念が持たれています。

ただ、少なくとも四〇代以降になってくると、若いころできたことができなくなってきます。また、年齢とともに仕事の責任が増し、こなしきれないといったことも増えてくるでしょう。

そのような場面で、自分をものすごく不甲斐なく感じてしまう場合、うつ病になる危険がとても大きいのは、精神医学の世界では常識とさえされていることです。

「今回の仕事がうまくいかなかったのはすべて私のせいだ」「どうせ周りのみんなもオレができないヤツだと思っているに違いない」といったような自分を責める方向に矛先が向いたイライラは、うつ病を引き起こす元だと考えていいでしょう。

いずれにしても、健康な心を守るためには、イライラをコントロールしていくことが大切なポイントになってくるのです。

人生の盲点――四〇代は「職場」より「家庭」に気をつける

イライラは、家庭を崩壊させてしまう危険性もはらんでいます。

「うちに限っては、まさかイライラぐらいで家庭不和になんてなるはずはない」――もしも、そんなふうに高を括っている人がいるとしたら、その考えこそが暴発寸前の爆弾を抱えていると思ってください。

なぜなら、「まさかイライラごときで……」というように、自分のイライラについてどれだけ周りが不快感を覚えているかを感じていない鈍感な気持ちこそが、家族が迷惑している部分だからです。

家庭でのイライラを甘く見てはいけない理由は、「付き合いの長さ」にもあります。

ひと口に「付き合いの長さ」と言っても、「親しき仲にも礼儀あり」という通り一遍のセオリーではありません。これまでどれだけ親密だったかという点よりも、むしろ気を遣わなければならないのはこれから先のこと、つまり将来のほうでしょう。

たとえば、会社でのイライラの場合は、必ず終わるときがやってきます。上司や部下が人事異動になったり、また自分自身が配置換えになれば、新しい環境になるからです。置かれた状況が変わってイライラの原因がなくなれば一件落着ですし、仮にまたイライラすることがあっても今度は以前とは別の原因でしょう。つまり、比較的、イライラを長いあいだ引きずることはないと言えます。

一方、**家庭におけるイライラは、終わりが見えません**。

そして、もっとも重要なのは、イライラする原因となるものごとが解決したからといって、イライラしていたときの記憶がなくなるわけではない、ということです。

たとえば、休日のことで考えてみましょう。

残業続きで久々の休日、夫としてはのんびりと体を休めていたいところにもかかわらず、家族からは「ふだん家にいない分、休みの日くらいどこかに連れていってよ」と文句を言われたとします。

夫の気持ちは、飲みに行っているならまだしも、毎晩、帰宅が遅くなるのは仕事が山積しているからなのに……。クタクタになって満員の電車で通勤する苦痛に耐えているのは「文句を言う家族を養うためではない」とイライラした挙げ句、ついに暴言を吐いてしまったとしましょう。

「遊んで暮らしているお前たちとはワケが違うんだ！」

こんなことを言われた妻は、こう思うはずです。

「食事の支度や掃除や洗濯、親戚付き合いだって私がやっているから毎日穏やかにすごせているというのに。許せない！」

このときに大げんかになって、それでどちらかが謝って解決した場合は、多少のしこりを残すかもしれませんが、まだましと言えます。

しかし、**イライラが原因で夫が放ったひと言に、妻が怒りを溜め込んだ場合、のちのちまで夫婦間にしこりを残す**ケースもあります。

たとえ、その後、なんとなく元通りの関係に戻ったとしても、「あのとき、ああ言ったということは、今までずっとそう思っていたに違いない」という悪感情は根強く記憶に残ってしまうのです。あるいは、「私の夫はこんな人間だから、子どもが成人したら私も解放してもらおう」などという思いをどんどん募らせることになります。

こういう**溜まりに溜まった怒りが、最終的に熟年離婚につながる**パターンは珍しくありません。夫は浮気をした覚えもなく、嫌われていることさえ気づかないのに、熟年になって妻から離婚を切り出されるのです。

イライラの「正しいぶつけ方」を覚えよう

イライラを危険なものとして意識している人は、イライラしたとしてもその後の行動パターンが異なります。

もし、イライラしてよけいなことを言ったとしても、きちんとフォローするでしょう。また、前項の例であれば、夫はふだんから奥さんの愚痴を聞くようにも心がけます。もちろん、妻の側もイライラが危険だと心がけていれば、決定的な言葉を夫に吐きつけることはなくなるはずです。

そこが家庭円満と家庭不和の境目と言ってもいいでしょう。

イライラを適度なものにできれば、家庭は円満になります。とは言え、イライラする気持ちをガマンして抑えつけるわけではありません。

では、いったいどうするか。

それは、**イライラのぶつけ方を少し変えるだけでいい**のです。

家庭が円満になるイライラのぶつけ方とは、相手の行動を変えるように言うことです。つまり、前項の「どこかに連れていって」と言われたケースならば、シンプルに「明日からの仕事にそなえて今日はゆっくり体を休めたい。そうしないと、倒れてしまいそうだ」というように、現状で困っている点を訴えるだけでも、相手の行動は変わるでしょう。

イライラを表に出すより、自分が懇願する形をとったり、会社の愚痴を聞いてもらう形を取ればいいのです。

稼ぎ頭である夫に倒れられてしまったら、妻は自分や家族が困ることになることがわかるからです。「それならしかたない」と諦めてもらうのは簡単でしょう。あわよくば、体調を心配してもらえるかもしれません。

このように、イライラするのをやめるだけで、家庭不和が防げて、相手からいたわりの気持ちまで引き出せたら一石二鳥だと思いませんか？

2章　あなたが「イライラしなくなる」仕組み

まず敵を知る——「あなたのイライラ」はどのタイプ?

ここでは「イライラする仕組み」をわかりやすく説明します。

と言うのも、実際にイライラしたときに、「自分の体には今、こんな変化が起きているのだな」と客観的な分析ができれば、イライラがスーッとおさまる効果が期待できるのです。**「イライラする仕組み」さえわかれば、イライラが軽減される**からです。

イライラは、心理学と脳科学という二つの観点から説明できます。

最初は、イライラを心理学から見てみましょう。

まずは、次の質問を読んで、自分の気持ちに近いほうを選んでください。

□友人に電話をかけたら「今、手が離せないので後でかけ直す」と言われた。

a. 何時何分くらいになりそうかをたずねる

b．「今は自分と話したくないのかもしれない」と思って軽く落ち込む

□会社の自分の席で、ふと財布がないことに気がついた。
a．駅の遺失物係や立ち寄った場所へすべて連絡する
b．誰かに盗まれたと、まずは周りを疑う

□携帯電話に知らない番号から着信があった。
a．ただちにかけ直して相手と要件を確認する
b．個人情報がもれたことが不審なのでかけ直さない

□以前と比べて酒量が落ちた自分を見ると？
a．今日は寝不足で調子が悪いだけだと思う
b．どこか悪いところがあるのでは、と体調を案じる

□自分で作成した簡単な文書に一ヵ所、誤字があることに気がついた。
a．気づいたからには、作成し直す
b．凡ミスをした自分は情けないと思う

aとb、どちらの数が多かったでしょうか？

これは単なる心理テストではありません。**選んだ数が多かったほうで、自分の「イライラのタイプ」がわかるチェックシート**なのです。

ファストフードで待たされたとき「あなた」がわかる！

イライラには、二つのタイプがあることがわかっています。

①aと答えた数が多かった人は「完全主義タイプ」のイライラ
②bと答えた数が多かった人は「勘違いタイプ」のイライラ

ということになります。

「完全主義タイプ」のイライラとは、その名のとおり、「こうあるべき」という理想や目標を設定してしまい、それにこだわるタイプ。自分の中でつくりあげた理想や目標に対して、それを完璧にクリアできないとイライラするのです。

たとえば、昼食にファストフードのお店で注文をしたとき、「たいへん申し訳ございません。機械の調整のために三分ほどお時間がかかります」と店員から言われたような場合。

「完全主義タイプ」の人は、「ファストフードなら、注文してすぐに食べられるのが当たり前だろう」という自分なりの理想があるので、ほんの三分待たされるだけでもイライラしてしまうのです。

「完全主義タイプ」の人は、自分にも厳しいのですが、自分はそれなりにがんばっていることが多いので、イライラの矛先は多くの場合、そうでない他人に向かうことが多くなります。

自分が思ったとおりにものごとが進まないと必要以上に不快になるタイプとも言えるでしょう。

もう一つの「勘違いタイプ」のイライラとは、自分が一方的に勘違いをして、それに妄想を膨らませるようなタイプ。現実にはありもしないことに思い悩み、イライラしてしまうのです。

たとえば、行きつけの喫茶店で頼んだ飲みものに虫が入っていたような場合。状況から考えてもけっして故意であるはずがないにもかかわらず、「虫が入っていたのには悪意がある」「この店の店長はずっと前から私のことをバカにしていた」「店長だけではない。店員も私のことをバカな奴だと思っている」といったように勘違いの思考が暴走。一人でイライラを募らせていってしまうのです。

「完全主義タイプ」のイライラと比べると、イライラの矛先はさらに強く相手に向かうことになります。

ネガティブな考え方やひねくれた思想があるうえに、相手にしてみれば不快に思われている理由がわからないため、この「勘違いタイプ」のイライラによって**結果的には人間関係でつまずく**ケースも少なくありません。

完全主義タイプ、勘違いタイプ――まずは、「イライラのタイプ」がわかるチェックシートで、自分がどちらのタイプかを客観的に知ることです。そうすれば少なくとも、「自分のイライラの原因は、自分が求めすぎるせいなのか。そもそも自分のイライラは根拠のある妥当なものなのか」と、多少、冷静になってひと息置くくらいはできるようになるでしょう。

「ゆっくり朝食をとる」だけで、イライラが激減？

脳科学から分析すると、イライラの原因には大きく二つがあります。

一つは、「交感神経が過剰に反応してしまう」という点です。

前にお話ししたとおり、交感神経とは、私たちの体が活発に動いたり心が緊張したりするときに活性化する自律神経の一種です。

この交感神経が刺激されることで、私たちは活動的になる一方、あらゆることに過敏になります。ちょうど「神経が研ぎ澄まされる」とか「神経に触れる」などという表現をするときに近い状態かもしれません。つまり、**喜怒哀楽の感情が激しくなるとともにイライラしやすくなる**のです。

これは、人間だけではなく動物にも当てはまります。

動物は、獲物を狙って攻撃をしかけるときには、交感神経が興奮した状態になっています。そう聞けば、私たちのイライラも、いつ攻撃に変貌をとげてもおかしくないこともわかるでしょう。ですから、交感神経が過剰に緊張すると、イライラが増幅し、やがて相手を攻撃する場合もあるのです。

交感神経が緊張しているときは、たしかにイライラしやすくなりますし、またイライラしているときは交感神経も緊張するという悪循環も起こりやすくなります。

ただ、交感神経が緊張するのは、イライラしているときとは限りません。たとえば、睡眠不足のときは交感神経は緊張しやすくなりますし、お腹がすいているときも交感神経は緊張しやすくなります（これは動物と同じことです）。パソコンに長時間向かっていたり、ゲームを長時間やっていてもやはり交感神経は緊張します。

このように交感神経が緊張しているときは、ふだんと比べて、イライラしやすくなるのは確かです。

そうなると、前述のような悪循環がいつ起こるかわかりません。友人や配偶者、あるいは部下などからのふだんだったらたいして怒らないような言動に対しても、イライラが募りカッときて、攻撃に変貌することも珍しくないのです。

この対策と言えば、なんといっても交感神経を不要に緊張させないことでしょう。

たとえば、**朝飯抜きや、過度のダイエットは、すぐに交感神経の興奮に直結します。**

イライラを「お風呂で洗い落とす法」

熱すぎないお風呂――交感神経の
緊張がゆるみ、心に余裕が生まれる！

睡眠不足もバツ。最近イライラしやすいと感じるようなら、パソコンに向かう時間、ゲームをする時間を減らすのも大事なことです。

ついでに言うと、副交感神経が優位なときは、交感神経は抑制されます。そのため、たとえば**お風呂に入る（熱すぎないことが大切です）、ゆっくり食事をとる、十分な休養をとるなどで交感神経の興奮をかなり抑えることができます。**

「感情のブレーキ・セロトニン」を増やす習慣

イライラする二つ目の原因は、「脳内の制御系の働きが悪いから」という点。

自動車でたとえれば、先ほどお話しした交感神経はアクセルのようなもの。イライラするのは、アクセルを踏みすぎて加速しすぎた状態ということになります。神経がピリピリと敏感に張り詰めている状態です。

一方、「脳の制御系」とはブレーキのようなもの。本来ならば、ブレーキをかければイライラを抑えられるのですが、その利きが悪いためにイライラの感情に歯止めが利かなくなってしまうのです。

それでは、感情のブレーキの役割をしている「脳の制御系」について、もう少しくわしく見ていきましょう。

ひと口に「脳の制御系」と言っても、直接的にイライラを抑えるものは何かを考えると、神経伝達物質ということになります。繰り返しになりますが、神経伝達物質とは、私たちの脳や脊髄など中枢神経系に分泌されている物質で、喜怒哀楽の感情や、脳から体に向かう命令などを伝達しています。

数ある神経伝達物質の中でも、感情のブレーキの役割を果たしていると考えられているのが、セロトニンです。

最近、注目されている考え方に、「**イライラする人の脳にはセロトニンが不足しているのではないか**」というものがあります。

実際、前述したように、うつ病の人は、落ち込んでいるはずなのに、イライラしやすいことが多いのです。セロトニンが足りていないと、ささいなことでイライラするようになるのです。

たとえば、電車の中で他人の肘が当たったとき、「なんだよ、コイツ！」とすぐイライラするのか、「ま、しょうがないか」と流せるのか――それもセロトニンの量次第とも言えるのです。

ですから、仮にイライラしてしまったときは、「今の自分にはセロトニンが不足しているから、イライラしても仕方のないことなんだ」と思えば、それ以上、イライラがエスカレートすることがなくなるでしょう。ただ、セロトニンが本格的に足りないときは、そんなことも言っていられませんし、考える余裕もなくなるようです。

やはり**本質的には、セロトニンを増やす生活ということを考えないといけません**。

本当にうつ病になったときには、脳内の、とくに神経のつなぎ目のシナプスという部分のセロトニンを選択的に増やす薬があります。症状がそのレベルでないときの自衛策としては、セロトニンの材料であるトリプトファンをとるという方法があります。くわしくは、五章で説明します。

ついでに言うと、巷では評判の悪いコレステロールですが、セロトニンを脳に運ぶ役割をすると考えられています。肉をとると幸せな気分になるし、現実に、肉食動物は肉を食べた後に攻撃性がおさまると言われるのは、このようなメカニズムが想定されているのです。

「高等動物型」のイライラ、「下等動物型」のイライラ、あなたはどっち？

たとえば、こんな経験のある人は要注意です。

「イライラして物にあたりたくなった」――。

「イライラしすぎて頭に血が上った」――。

なぜ要注意かと言うと、「イライラをガマンできない脳」を抱えている可能性が高いからです。いつの日か、イライラが暴発してしまわないとも限りません。

自分が**「イライラする仕組み」を知るということは、多少は気持ちを落ち着ける効果もあります**。もちろん、それだけで気持ちが落ち着くわけではありませんが、イライラをなくす対処法のヒントを与えてくれることは確かです。

ここでは、そのイライラのメカニズムを知ることで、対処法を考えていきましょう。

イライラは心だけの問題ではありません。脳の機能の差によっても、イライラをガマンできるか、できないか、カッとなった言動を抑えることができるか、できないかが、大きく変わってくるのです。

イライラをガマンできるかどうかは、脳内の「大脳皮質」と「大脳辺縁系」という二ヵ所の部位が関わっています。そして、**「イライラをガマンできない人」というのは、「大脳皮質の働きが弱い人」**ということになります。

まず、「大脳皮質」というのは脳の外側を覆っている層のことを言います。その大脳皮質の内側にあり、海馬や扁桃体（へんとうたい）といったさまざまな部位を包み込んでいる部分が「大脳辺縁系」です。

どちらも、「大脳」という文字が頭につくので、似たようなものに聞こえるかもしれませんが、機能はまったく異なります。

大脳皮質と大脳辺縁系を人類にたとえるなら、前者を現代人、後者を原始人と言ってもいいほど、両者の機能には差があることがわかっているのです。実際、高等な動物ほど大脳皮質が発達しているのですが、辺縁系は下等な哺乳類レベルでも立派に存在するのです。

たとえば、電車の中で誰かに足を踏まれたときのことを考えてみましょう。

ここで、大脳辺縁系も皮質も反応するのですが、大脳辺縁系では、基本的に複雑なことを考えません。

ですから、足を踏まれて痛いと感じたら、すぐに怒りの感情が生み出されます。場合によったら、瞬時に「なんだよ！」と文句を言うか、相手の足を踏み返すか、または危険を感じて足を踏まれない姿勢を取ろうとするのか、いわゆる反射的な行為への命令を体に送ります――これが大脳辺縁系の役割です。

つまり、**イライラのような原始的な感情の元になるものがつくられる場所、それが大脳辺縁系**と考えていいでしょう。大脳辺縁系は、爬虫類（はちゅうるい）より進化した（爬虫類にはまだないのです）動物にも存在していることがわかっています。ですから、敵に襲われたとき、動物は敵を攻撃するか、身を守るか、とっさの感情と判断で行動をとることが多いのです。

優秀な脳はカッとなる前に「いろいろ考える」

一方の大脳皮質は、それほど単純ではありません。

電車の中で同じように足を踏まれても、大脳辺縁系とは異なる反応をします。

大脳皮質が大脳辺縁系ともっとも異なる点は、経験則や状況を加味して思考と判断をすること、そしてそれにより情報伝達にタイムラグが生じることでしょう。

「足を踏んだことに文句を言ったところで、痛みがなくなるわけではないだろう」

「相手の足を踏み返したりしたら、周りから器の小さなヤツと思われやしまいか」

「こんなにケンカの強そうな人間の足を踏み返したら、何をされるかわからない」

というように、状況に応じて、過去から学習したことと照らし合わせて、「今どうしたらいいか」を考えてくれます。そして、イライラした脳が過激な命令を出すのを打ち消すことができるのです。

したがって、**「大脳皮質の働きが強い人」ほど、イライラをガマンできる**わけです。

同じ環境下にあっても、イライラしてしまう人と、イライラをガマンできる人がいるのは、大脳皮質の機能の差にも原因があったのです。要するに、大脳皮質の出来の良い人はそれだけ性能のいいブレーキを持っているのと同じことになります。

ただし、大脳辺縁系に比べると、大脳皮質に伝わる情報のスピードは遅いことがわかっています。これは、大脳皮質ではいろいろなことを考えるという理由もあるので

「心の特効薬」は意外なところに！

動物の写真が、あなたの攻撃性を
一瞬でゆるめることがある

すが、実際の神経の伝達速度そのものも遅いのです。そのため、大脳皮質からの抑制命令がきたときには、「ときすでに遅し」ということもあります。ふだんからイライラしたり、カッとしたときには時間稼ぎをする習慣をつけておかないと、大脳皮質が立派でも役に立たないこともあるのです。

ここに、興味深い実験結果があります。

東京大学大学院情報学環の伊東乾(いとうけん)准教授は実験によって、映画やテレビで残酷なシーンを見たり、実際に凄惨な場面に遭遇したとき、私たちの脳の大半で血中の酸素濃度が低下することを突き止めました。酸素濃度が低下すると、私たちの脳の機能も下がります。恐怖など強い感情に支配されているときは、脳が酸欠状態になるということです。

これをイライラに当てはめてみると、前述の「イライラして物にあたりたくなった」「イライラしすぎて頭に血が上った」という状況も理解できます。

このように**イライラしている際は、そうでなくてもふだんと違った攻撃的な言動をとりやすい**のに、ブレーキの役割を果たすべき大脳皮質の働きも酸欠状態になって、それがうまくいかなくなってしまいます。かくして、爆発の一歩手前になってしまうのです。

この大脳皮質の酸欠状態を止めるために伊東准教授は、癒しと笑いをすすめています。

優しそうな動物の写真を見たり、ちょっとしたジョークを飛ばすことで、大脳皮質の酸欠状態が改善されるのです。こうすることで、大脳皮質が本来の働きを取り戻して、怒りやイライラが短絡的な言動になるのを防いでくれるのです。

入社三年で「やめる社員・伸びる社員」は脳が違う？

ここ数年、若い人の「心のあり方」が変わってきているようです。
いわゆる「デリケートな心の持ち主」でなくても、仕事や人間関係でストレスや不安を過敏に感じる傾向があるようです。
そして、その**ストレスや不安に耐えられずにイライラしてしまう**ということが少なくありません。加えて、「どうせダメなヤツだと思われているんだ」「努力しているのに、なぜ報われないのだろう」という思い込みから、そのイライラがさらに激しくなっているようです。

仕事先の人や上司から叱責を受けたからと言って、入社したばかりの新入社員や、二、三年目の若手社員がすぐ会社をやめてしまう――といった話を、最近、よく耳にします。このような傾向も、若い人の「心のあり方」の変化といった文脈で考えたほうが、わかりやすいでしょう。

不況と言われてずいぶんたちますが、今の社会では競争が日常化しています。そもそも、やっとの思いで入った会社ですら一年後にはなくなっている可能性だってゼロではないでしょう。そのような状況で、与えられた仕事も人並み以上にこなし、良好な人間関係を築き上げていくのは至難の業、と感じる若い人が増えているのかもしれません。

ストレスフルな会社生活では、当然のことながらイライラする要素も周りに数多く転がっているでしょう。こういう状況下では、交感神経も絶えず緊張状態になってしまいます。

そんなときに、上司などから叱責されようものなら、過度に反応するのは当然とも言えます。ついに、ネガティブな感情からくるイライラをガマンできずに辞職の道を選んでしまうのでしょう。

ところで、会社での競争は今に始まったことではないのに、なぜ最近の若い人たちだけが、それほどまでにネガティブな考えでイライラするのでしょうか？　あるいは、なぜイライラに耐えられなくなって、会社をやめてしまうのでしょうか？

もちろん、今のほうが競争がはるかに激しくなったとも考えられますし、また昔と比べて転職がしやすくなったということもあるかもしれません。しかし、いったんやめてからの再就職の難しさは、じつは今のほうがはるかに厳しいようです。

私は、それは、**社会に出てはじめて競争やストレスという現実に直面するから**だと推測しています。

最近の教育現場では、勉強だけではなくスポーツにおいても、表だって生徒同士を競争させることが少なくなっています。成績を張り出さないとか、運動会で順位をつけない、学芸会で主役を決めないというような形で、差別につながることは極力避けるのが、教育現場の傾向だからです。

競争自体をしたことがない学生がいきなり社会に出たところで、厳しい叱責やストレスに耐えられないのは明らかでしょう。「打たれ弱い」と言ってしまえばそれまでですが、「もしかして、自分はこの会社、もしくは今の仕事に向いていないのではないか」とネガティブに考えてしまうことで、イライラが募り、結果的にコントロールが利かなくなってしまうのでしょう。

逆に言えば、社会に出るまでに競争をくぐり抜けてきた人たちは、比較的、ネガティブな考え方からくるイライラは少ないように思います。だからと言って、今まで競争経験が少ないからと、心配することはありません。

必要だと思ったときからトレーニングを始めればいいのです。

その具体的な方法については後でくわしく述べたいと思います。

人生の分岐点――「うまくいかないこともある」と思えるか、どうか

「ここ数年、イライラすることが増えたな」

そんな自覚があれば、今すぐ手を打たなくては危険です。

と言うのも、イライラは増幅するからです。イライラを放置すると、悪循環を繰り返した挙げ句、イライラする回数がますます増えていきます。

交感神経の緊張のほかに、イライラの悪循環のもう一つのモデルとして、うつ病の治療法である認知療法の理論では、「自動思考」の状態——現実とは関係のないところで、マイナス思考を進めてしまうこと——と呼ぶものがあります。つまり、**イライラすることにイライラする思考が上乗せされてますますイライラしてくる**、といった悪循環になっているわけです。

たとえば、朝、会社に行ったときに、ふだんと違って、たまたま受付の女性が挨拶をしてくれないという状況に出くわしたとしましょう。受付の女性も朝の出勤時間には、すべての社員に「おはようございます」と言い切れないでしょうから、ときにありえる一コマです。

ここで、「自動思考」というプログラムが脳で作動してしまうと、この一コマにも過剰に反応してしまうのです。「自動思考」の状態にある人のイライラが、どのように変化していくのでしょうか。

最初は、「なんで挨拶してくれないのだろう?」というぶかるくらいですむかもしれません。ただ、「自動思考」が作動すると、エスカレートしてくるのです。

ここで「会社がそろそろリストラの準備を始めているのだな。受付の女性にはその詳細が伝わっているので、私にそっけないんだろう」などと、なんの根拠もなく、そう信じ込んでしまいます。すると、最近、会社の仲間からされた**ちょっと不快だった出来事が連続的に思い起こされてきて、どんどんイライラが加速してくる**。

こういうイライラのために、マイナス思考が増幅してきて、「自分はやはりクビになるに違いない」などと思ってしまうと、さらにヤケクソになってしまうこともあるでしょう。

極端な話、コピーを頼んだのに、なかなか持ってきてくれない女子社員に「どうせクビになると思っているから、俺の仕事を後回しにしているんだろう」などと、どなりつけてしまうかもしれません。

最終的に、自分の心配が根も葉もないものだとわかったときには、そうとうバツの悪い思いをすることになるでしょう。また、そのときに悪くした人間関係のために、さきざき仕事がうまくいかなくなったり、会社の景気が悪くなったときに、本当にリストラの候補になったりするかもしれません。

しかし、「自動思考」が起動しているときは、自分の考えが完全に正しいと思っていますし、ほかの可能性が考えられなくなっているのです。しかも、「自動思考」というのは、イライラしているときや落ち込んでいるときに、ちょっとした出来事をきっかけにして、自動的に作動してしまうのです。

こういうときに、**日常生活の小さな一コマから、イライラや落ち込みが増幅してしまう**わけです。

最初は、「受付の女性が挨拶してくれなかった」――正確にいうと「挨拶しなかった」でしょうし、場合によっては「挨拶に気がつかなかった」のかもしれません――という、たった一つのシンプルな現実があるだけなのに、一方的にイライラを増殖させてしまっているのです。

これこそが、「自動思考」の恐ろしさなのです。

イライラが元で、思わぬ事態に発展することがあるのは「自動思考」というファクターが絡んできている可能性が高いのです。ふだんならありえない、言うはずのない、やるはずのないような、とんでもない攻撃的な言動を思わずとってしまう背景には、このようなメカニズムが働いているのです。

「大切な返信メールが来ない場合」のイライラ消去法

脳が「自動思考」の状態にある人は、恋愛でも支障をきたすことがあります。

恋人の携帯電話にメールを送ったけれど、一時間たっても返信がないということは珍しくありません。大人同士の恋愛であればよくあることです。ですが、「自動思考」の悪循環に陥ってしまっていると、こんなときも冷静にはなれません。

最初はメールの返事が来ないことに対するイライラだったのが、マイナス思考がエスカレートした結果、イライラがさらに積もっていきます。そして、「以前ならすぐに返信してくれたのに、愛が冷めてきたのだろうか?」「返信したくないくらいに嫌われたのだろうか?」「出られないのは、誰かほかの相手と浮気をしているに違いない」といったように、イライラが手に負えないほど増殖していくのです。

そののち相手から「返信が遅くなってしまってごめんなさい」という内容のメールの返信が届いたとしても、「謝罪したということは、やっぱり心にやましいことがあったからだ」「浮気の決定的な証拠だ」という流れでイライラ、さらにはせっかくの恋愛関係をもこじらせていくのです。

このケースなども、元をただせば、単にメールの返信が遅れたというだけのこと。誰だって仕事もあれば、返信できないような手の離せないこともあります。そこまでイライラする問題ではないのは、冷静に考えれば誰でもすぐにわかりそうなものです。

しかし、感情のテンションが高いとき、つまりイライラしているときや落ち込みがひどいときは、「自動思考」がつい浮かんできてしまって、さらに**イライラを増殖させる悪循環のメカニズムが出来上がってしまう**のです。

ところで、メールについて言えば、つい最近、私にもこんなことがありました。仕事の打ち合わせで、ある本のことが話題に出たのですが、そのとき私は、どうしてもその本の書名を思い出せませんでした。ただ、帰宅後、ハタと思い出したのです。そこで急いで、打ち合わせの相手にメールで知らせたところ、待てど暮らせど返事はなし。結局、数週間後になにごともなかったように普通のメールが来ただけでした。

その本の書名については、相手も知りたがっている情報だと思ったから、私も急いでメールをしたわけです。その根底には「情報の価値と、メールを送った労力に対して、ねぎらいの言葉が欲しい」という気持ちがあったのかもしれません。だからこそ、メールの返事、つまり当然よせられるべき感謝の言葉が届かないことに、私はイライラしてしまったのです。

この私の場合のように、自分の行動に対して思った以上の評価が得られなかったため、ネガティブな気持ちになるというのが「イライラの素」なのです。

最近の精神分析の理論でも、**無視されることがもっとも自己愛を傷つける**と考えられています。この自己愛の傷つきによる欲求不満がイライラのもっとも大きな原因の一つというわけです。

「白・黒」すぐ決めない。世の中「グレー」が一番多い

認知療法の世界では、「認知の歪み」という思考パターンがあります。

このような思考パターンの人は、「自動思考」に陥りやすいと考えられています。

次にあげている四つは、そのような思考パターンの人は、日常生活の一コマで、つい

こんな考え方をしてしまうといった例です。

①「味方でなければ敵」「白でなければ黒」という二分割思考パターン
↓「味方と思っていた人間が、自分の批判をしているらしい。あいつは敵になったに違いない」

②将来についての決めつけが多い思考パターン
↓「朝、電車に乗り遅れたから、今日は一日嫌なことが起こりそうだ」

③人の心の中を勝手に予想する思考パターン
↓「彼は、私のいないときには、いつも部長と話をしている。私をバカにして、部長にとりいることしか考えていないのだろう」

④一つのことで、それ以上のことまで予想する「過度の一般化」という思考パターン。これはたった一件の少年犯罪があれば「今の子どもは怖い」と言うマスコミの報道パターンも同類。
↓「妻が、今日はそっけない。私のことを嫌いになったに違いない」

こういう思考パターン、考えグセに、もし一つでも心当たりがあるようであれば、ふとしたイライラがきっかけとなってそれを増殖させてしまう――脳が「自動思考」の状態に陥りやすい――可能性があります。

そうならないためにも、このような考えグセが頭をもたげてきたら、「こんな発想をやめよう」と、自覚することをおすすめします。**「白と黒の間にはグレーがある」「将来について決めつけてもそうなるとは限らない」**などという形で、思考パターンを変えていくのです。

こうすることで「自動思考」が生じる前に、小さなイライラは処理しておくことが重要です。

有能な上司ほど「イライラしない」。「怒る」

「イライラしやすい人」は、いわゆる「すぐ怒る人」より損することが多いようです。

ところが、一見、「すぐ怒る人」のほうが損をしているかのように見えるところに落とし穴があります。じつは、「イライラ」のほうが「怒り」よりもデメリットが大きいのです。

心理学上の考え方では、「イライラ」は「怒り」行動の一歩手前の状態になります。

その「怒り」を定義すると、「欲求充足が阻止されたときに、その阻害要因に対して生じる感情」ということになります。簡単に説明すると、「ものごとが自分の思い通りにいかないときに、それを邪魔すると思えるものに対して、むかつく感情」ということになるでしょう。

たとえば、昼間、食事をしようと入ったお店。

キビキビとしていない店員のせいで、自分と同じメニューを注文したお客が、後から来たにもかかわらず先に料理が出されたとします。

このような場合、誰だってカチンとくるもの。自分の気持ちを抑えきれずに、つい「こっちはまだですか！」と上から目線で文句を言いたくなる……。

このように自分の感情をコントロールできないと生じるものが「怒り」行動ということになります。

「怒り」行動よりも「憤慨レベル」が低いのが「イライラ」です。つまり、相手を攻撃したい気持ちが心の内側にフツフツと募っているのは確かですが、自分の感情をコントロールできなくなるほどの爆発力はありません——これが「イライラ」と言っていいでしょう。

こう書くと、「人に感情をぶつけたり、攻撃的になったりしない分、怒りよりイライラのほうがマシじゃないか」と考える人もいるかもしれません。

そうとは限らないのが、人間の不思議なところです。

「イライラ」は、ときに「怒り」行動よりもたちが悪く、私たちに悪影響を及ぼします。「イライラする人」が、怒る人より不幸になることは珍しくありません。

なぜなら、「イライラ」は「怒り」よりも長い時間続き、時間の経過とともにおさまるどころか膨れあがってくるケースが多いからです。

「イライラ」の時間が長くなるにつけ、私たちを取り巻く不幸の種が増えていくのは明白でしょう。長時間「イライラ」の感情につきまとわれている人は、不機嫌な心を抱え続けているのです。

もちろん、前述のように交感神経が緊張状態にあるし、「自動思考」も生じやすいので、いつ爆発するかわからない爆弾を抱えているという問題もありますし、第一、

「イライラしない」考え方をしよう

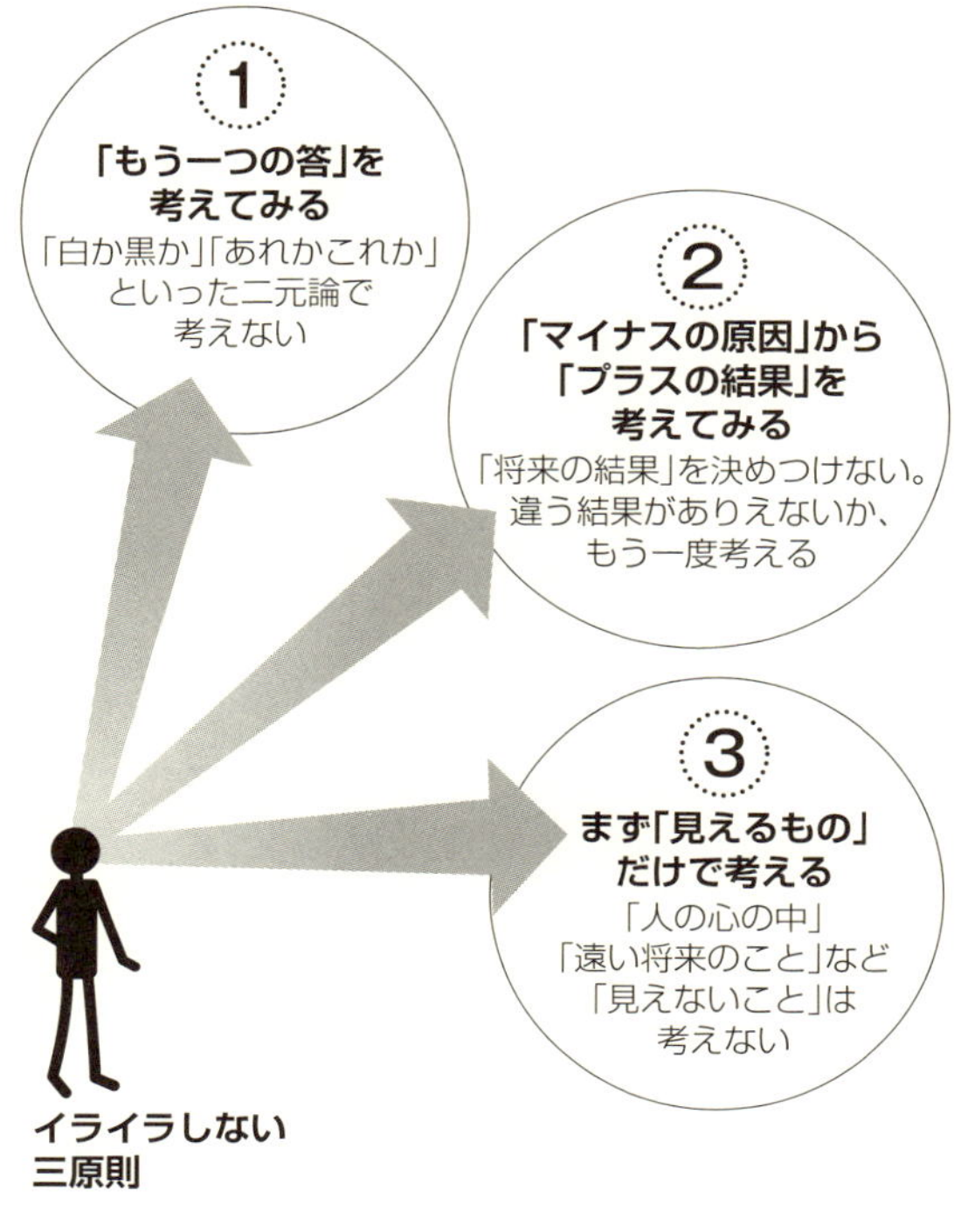

1
「もう一つの答」を
考えてみる
「白か黒か」「あれかこれか」
といった二元論で
考えない
2
「マイナスの原因」から
「プラスの結果」を
考えてみる
「将来の結果」を決めつけない。
違う結果がありえないか、
もう一度考える
3
まず「見えるもの」
だけで考える
「人の心の中」
「遠い将来のこと」など
「見えないこと」は
考えない
イライラしない
三原則

血圧などが上がって体に悪いということもあるでしょう。

それ以上の問題として、不機嫌な人に対して、私たちは感謝や尊敬の気持ちを抱くことはまずないということがあるのです。

たとえば、不機嫌な人に向かって「このことについて、お聞きしたいのですが」と聞いたとき、「そんなの、自分で考えろよ」「そのくらい常識でわかるだろう」とイライラしながら返事をされたとしたら、どうでしょう？　おそらく、その人の周りには次第に誰もいなくなるでしょう。「この人に何かをしてあげよう」と思って、チャンスを運んでくる協力者もいなくなってしまうのです。

それよりはまだ、ときどき怒りを爆発させるけど、機嫌の良いときは愛想良く接してくれる人のほうが人間味を感じるでしょう。イライラタイプの人は、**四六時中機嫌が悪くなりがちという点が問題**なのです。

これは、家庭における夫婦関係についても同じです。いつでも機嫌の悪い夫に対して妻は、「どうせ話しかけても感じの悪い返事しかされないに決まっているわ」と話しかけることも少なくなり、会話のない夫婦になっていくのです。これでは幸せとは言えません。イライラしている人は自分でも気がつかないまま、不幸を招き寄せてかしまっているのです。

話を戻しましょう。先ほどの「昼間、食事をしようと入ったお店」の例であれば、「相手を攻撃したい気持ち」は食事をしているあいだ中続くことになり、募る一方です。そして、「相手を攻撃したい気持ち」は解消されることがないまま、「イライラ」として、私たちの中に蓄積されていくことになります。

前章でもお話ししたように、この「イライラ」は長寿や出世をはばむ原因になるのです。同じような頭にくる状況下でも、その場で「怒り」をぶつけずに「イライラ」を選択してしまったために、人生において損をすることは意外に多いのです。

イライラは、人生ではまさに「百害あって一利なし」の感情と言えるでしょう。

感情コントロールを「短時間で的確にする」法

イライラをコントロールできるようになると、逆に多くのものごとが好転します。人間関係もスムーズにいくようになり、社会的な信用も高くなるからです。

イライラを上手にコントロールできている人物として、大リーグで活躍中の松井秀喜選手があげられます。松井選手は、どんな試合でも終了後には外で会見を開くことでも有名です。

自分がヒットやホームランを打った試合ならいざ知らず、ノーヒットで終わった試合や痛恨のエラーをした試合でも、記者の取材に応じると言われています。もちろん、大事な場面でチャンスを活かせなかったときの悔しさは、松井選手自身が誰よりも感じているはずで、そんなときは記者たちの容赦ない質問に答えなくてはならないイライラとあいまって、精神的に苦痛があると想像できます。

ところが、勝っても負けても試合後に会見をするというルールは、松井選手自身が決めたこと。じつは、もともとはロッカールームに押し寄せるマスコミに対して、「それではチームメイトが迷惑をするだろう」という松井選手の配慮からくる決定だったと言われています。

会見を見ていても、感情をむき出しにすることなく淡々と記者たちの質問に答えていく松井選手を見ていると、**「イライラのコントロールを短時間で的確にできる人」**だと思わされます。

チームメイトからの信頼も厚く、どんなときでも礼節を欠かさない日本人としてアメリカでも評価が高いことにも納得できるでしょう。

では、**「イライラをコントロールできる人」と「イライラをコントロールできない人」の差はどこにあるのでしょう？**　イライラがコントロールできるようになる第一歩は、イライラと怒りの差を知ることにもあるのです。

前項で「イライラ」と「怒り」の違いについて述べたとき、「行動化するような怒りは一瞬の感情だが、イライラは長く続く」ということをお話ししました。実際に、私たちは一度イライラすることがあると、その原因となったことを完全に忘れるまでずっとイライラは止まりません。

ヒントはここにあります。

「イライラは長く続く」という特性を把握していれば、イライラをコントロールすることが可能になるのです。

要するに、怒ってはいけないと思うから、イライラするし、それが長く続く不快感になって、逆に怒りやすくしてしまう。そして最終的にはひどく怒って、それまでのガマンがムダになることも多いと知っておくのです。

仕事ができる人は「イライラを一回で終わらせる」

このようなイライラの特性を知っている人は、イライラをコントロールするのが上手なものです。

「敵を知り、己を知れば、百戦危うからず」といったところでしょうか。

たとえば、仕事をしていて取引先の会社の担当者から、いわれのないクレームをつけられたとき。

大きなトラブルに発展しないためにも、ひとまずは誰もがガマンします。それで相手の言い分を黙って聞いているわけですが、こんなときには誰もが「早く終わってくれないかな」と、イライラするのはやむをえません。

ところが、その後、イライラに拍車をかけて長引かせてしまうのは、相手の言葉や態度ではありません。

イライラを長引かせる原因は、「自分の気持ち」なのです。

「早く終わってくれないかな」と思った時点で、イライラを終わらせておけば、とくに問題もなかったはず。「イライラを長引かせないためにも、ここは勝手に言わせておこう」と聞き流せるだけ心に余裕を持つ。それが理想です。

ただ、イライラをコントロールできない人は、自分の中でイライラを増幅させてしまうのです。

「だいたいこの人は、いつも無理難題を押しつけてくる」

「この会社の社員は、こちらが黙っていると言いたいことを言ってくる」

などなど、過去のことにさかのぼったり、まったく関係ない問題に転化して考えたりします。これが、**イライラを長く続かせる「イライラ・スパイラル」のはじまり**なのです。

このように、かつて自分がイライラしたことを思い出しては、さらにイライラしていては、新しい「イライラの素」が次から次へと生まれてくるわけですから、イライラがおさまるはずもありません。こうなると、事態の収集はつかないまま、イライラするだけでなんの発展性も生産性もない、ただムダな時間だけが過ぎていくことになるでしょう。

少なくとも**イライラしているときは、仕事の能率も判断力も落ちてしまう**のです。

さらに悪いことに、イライラしているときには、交感神経が緊張していたり、前頭葉からの抑制機能が落ちているので、ふだんならイライラしないような些細なことでもイライラしてしまいます。

これはちょうど、火を消したいと思って、うちわで軽く仰ぐ様子に似ています。目的は消火でも、結果として新鮮な空気を送ってしまったことで、火は勢いを増して燃え続けてしまうようなものです。

このように、イライラをコントロールできないと、自分で自分の状況を悪化させてしまう危険性をはらんでいるのです。

この特性を知っているならば、イライラが少しでもはじまったと思えば、それなりの対処をしなければという判断が働くはずです。

まだカッとなるほうがましだと思えば、状況を判断しながら適度に怒ってみるというやり方もあるでしょう。愚痴を聞いてくれる人がいるだけでイライラがかなり和らぐということもあります。イライラの対処法は人それぞれでしょうが、五章にいくつかヒントを書いておきましたから、有効に活用してもらえれば、かなりうまくいくはずです。

つまり、イライラをコントロールできる人とできない人の差は、「イライラの特性を理解して、それに効果的に対処しているかどうか」ということになります。

大事なことは「イライラしないこと」でなく「イライラを長引かせないこと」なのです。そのためには、まず「自分がイライラしていること」に気づくことが第一歩なのです。

今の時代、「素直に謝れる人」が一番強い

人よりもイライラが長引いてしまう、「悪性のイライラ」タイプの人もいます。たとえば、一つのことに対して、イライラが一時間以上続くようなら、それは悪性のイライラです。ただちに治療が必要と言ってもいいでしょう。

自分のイライラが悪性なのかどうかは、次の項目でも簡単にチェックできます。イエスかノーで答えてください。

【チェックリスト「あなたのイライラは悪性？」】

- □自分は予定をドタキャンされることが多い
- □社会人になってから、親友と呼べる友人はできていない
- □現在、配偶者や恋人はいない
- □現在、自分を愛してくれている人はいないと思う
- □会社や家庭で、自分の言動は注目されていないと思う
- □メールを出しても、すぐに返信がないことがよくある

もしも、この状況に一つでも当てはまるようなら、あなたのイライラは悪性化しやすい状態です。**悪性のイライラは、普通のイライラよりも長い時間続きます**。そのため、そのあいだはずっとジワジワと苦しめられることになるでしょう。

では、長患いにも等しい悪性のイライラは、どうすればスッキリ断ち切ることができるでしょうか？

そのコツは、現代アメリカを代表する精神分析学者であるコフートが唱えた自己愛の理論にあります。

コフートは、自己愛性パーソナリティ障害が患者さんの主流になって以来の、アメリカ精神分析学の世界をリードしてきた精神分析学者です。無意識の欲望や本能より、自己愛をキーワードにして、人間の心を読み解いたり、治療理論を打ち立てたことで知られています。これは、あるのかないのかわからない無意識の理論より、はるかに納得がいくし、また、実際の治療にも使いやすいものです。

コフートは人間の「怒り」について、こんなふうに述べています。

「誰も本能によって怒っている人はいない。**自己愛が傷つけられたときに人は怒る**のだ」。

コフートの発言を私たちの生活に置き換えてみると、次のような具合になります。

たとえば、満員電車で誰かの肩がぶつかったときのことを考えてみましょう。朝晩のラッシュ時に混んでいる電車に乗ったとき、わざとではなくても肩がぶつかってしまった経験は誰にでもあるのではないでしょうか。

そのときにイライラするかしないかの境界となるのは、「相手に謝ってもらえるかどうか」という点にあるでしょう。ぶつけた相手が謝ってくればイライラせずにすみますが、ぶつかっても知らん顔している相手の場合、「どうして謝らないのだろう?」

と、イライラは残ります。

つまり、肩をぶつけられたこと自体より、謝ってもらえないことのほうがイライラの原因になっているわけです。コフートの言う「人は本能ではなく、自己愛が傷ついたときに怒る」というのは、まさにこの状況のことを言っているのです。

「あなたのイライラを消してくれる人」が必ずいる！

私たちは、誰かに**「顔に泥を塗られたときにイライラする」**とも言えます。

相手から謝ってもらえなかったことで、自分のメンツをつぶされたから、自分がバカにされたとか、なめられたと感じるから——これが自己愛が傷ついた状況です——イライラするのです。

もしも肩がぶつかったことに対してイライラしているのであれば、相手の肩にぶつかり返せばスッキリしてイライラはおさまるはず。ところが実際にそんなことをしても、かえってイライラは増すばかりでしょう。

私たちが、〝自分のメンツ〟を傷つけられた度合いによって、そのイライラが悪性化するかどうかが決まります。「相手がどのくらい自分をバカにしているのか」でイライラのレベルも変わってくるのです。あるいは、周囲がメンツを保ってくれるかどうかでイライラが悪性化するかどうかは変わってきます。

たとえば、「それはひどい話だ」「相手の人間性がダメなんだろう」「かわいそうにな」などと言ってもらえれば、自分のメンツが保たれるので、イライラは悪性化しません。しかし、「そんなのよくある話じゃん。その程度のことでイライラするなんて、子どもっぽいよ」などと言われた場合は、イライラがよけいひどくなるでしょう。

前項の【チェックリスト「あなたのイライラは悪性？」】にある「ドタキャンされる」「親友と呼べる友人がいない」「恋人がいない」「愛されていない」「注目されていない」「メールの返信が来ない」という項目はすべて、自分が大切にされていない、または自分を大切にしてくれる存在がいない、ということにつながります。

イライラをいつまでも長引かせないための秘訣の一つには、自分を大切にしてくれる存在をつくるということがあげられます。これについては三章で説明したいと思います。

イライラは「人間性を磨くための試練」

「本当はこんな仕事をしたくなかった」
「本当はこんな会社に入りたくなかった」
「本当はこんな人と結婚したくなかった」
といったように、自分の現実に対する不満が、イライラの素になっている場合があります。

このような場合は、**一度、違った角度から考え方を変えてみる必要がある**でしょう。それがイライラ・スパイラルを早く脱出する一番良い方法なのです。

たとえば、「本当はこんな仕事をしたくなかった」といった場合は、やりたいことかどうかは別にして、とにかく頼まれた仕事をしっかりやっていこう、という方針に切り替えてみる。

その途端に希望の光が差し込んでくるということもあるでしょう。

つまり、自分ではなく相手が望む方向性に合わせて行動を起こしてみるのです。そして、**イライラしているだけであり余っている力を、言われるままに一歩前に進むことにぶつけてみたところ、相手の求める仕事ができてうまくいった。**すると同時に不満が解消されていた、というわけです。

これはフロイトの言う「エディプス・コンプレックス」にも似ているところがあるようです。

エディプス・コンプレックスとは、簡単に言えば、子どもが無意識のうちに異性の親に愛情を感じ、同性の親に敵意や殺意を抱く傾向がある、という精神分析学上の考え方を言います。基本的には男の子に起こる心理で、たとえば母親と結婚したいがために父親を憎むようになる、というようなことです。そして、フロイトは、このエディプス・コンプレックスの軸にある同性の親への嫉妬をけっして破壊的な悪い感情ではない、としています。

それこそが、エディプス・コンプレックスと、イライラから脱出する方法の似ているところだと思うのです。

わかりやすく言えば、どちらもマイナスの感情を原動力に変えているということです。エディプス・コンプレックスでは、母親を独占している父親への嫉妬の感情を、**イライラからの脱出では現状に対する鬱屈（うっくつ）した感情を、それぞれパワーの源にして次のステップに進む糧にできる**からです。

エディプス・コンプレックスを感じて、父親の死を望み、母親を自分のものにしようとすると、はるかに力の強い存在である父親が立ちはだかり、「そんな不埒（ふらち）なことを考えていると、おチンチンを切っちゃうぞ」と脅します。ここで、父親に勝てず「母親が父親のもの」と認めるわけですから、かなり強い嫉妬感情を覚えるのです。

しかし、ここでは、ずっと父親に対してイライラした感情を持ち続けるという形は取りません。「父親を超えた立派な人になろう。そうすれば、母親を自分のものにできるかもしれないし、そうでなくても、ママのようなすてきな女性が自分のものになる」――そう考えて、体を鍛え、勉強に励みます。

かくして「男の子は一人前の男になっていく」というストーリーですが、女性だって基本的には同じように、男に負けたくないとか、立派な女性になってやると思って成長していくはずです。

「今は悔しい思いをしているけど、がんばって成功すれば、絶対に見返してやれる」

意識を集中し、心を安定させる法

目の前のことに専念することが、
イライラ・スパイラルを早く脱出する法

「まずは目の前にある、与えられた仕事に集中しよう」

――このような気持ちで臨めば、イライラはいつか必ず乗り越えられるはずなのです。イライラする自分の気持ちを客観的に見ることができるかどうか。そこがイライラから早めに脱出するための転機を迎えるポイントになることでしょう。

3章

自分の気持ちを「上手にコントロールする」技術

「心の免疫力を低下させない」六つの習慣

同じ出来事があっても、イライラする人としない人がいるのはなぜでしょう？
それは、今、すでにあなたが「イライラ」がクセになっているかどうか――「イライラ病」を患っているかどうか――ということにもつながります。**「イライラ」がクセになっていれば、ちょっとしたことでイライラするし、そうでなければ大らかに構えていられる**からです。
自分が慢性的なイライラ病かどうかは、ものごとの受け止め方の傾向で簡単に判断することができます。判断の基準になる代表的な項目は、次の六つです。

【慢性的なイライラ病の人は、こんなふうにものごとを受け止める】
□ものごとは善か悪かのどちらかだ、と考える
□何か一つ良くないことがあれば、「世の中みんな、そんなものだろう」と思う

□根拠もないのに悲観的な見方をしてしまう

□憂鬱(ゆううつ)な感情を持つことは、現実をリアルに反映している、と考える

□何かをするときに「〜すべき」「〜すべきでない」とSHOULD思考をする

□「ダメ人間だ」「使えない人だ」などと、自他ともに感情的なレッテルを貼りがち

この手の思考習慣を持っていると、ちょっとしたことでイライラしやすくなりますし、また、イライラが長引きやすくなるのです。

イライラ病は、放っておいて治ることはまずありません。

「最近なんだかイライラしているな」と感じたら、すぐに対処しておかないといつの間にか、イライラ病に蝕まれてしまいます。これは結構、大きなダメージになります。一度、「いつもイライラしている人」のレッテルを周りから貼られたら、人間関係もなかなかうまくいきませんし、それ以上に、いつもイライラしているのは本人が一番辛いのです。

では、どうすればイライラを鎮めることができるのか——それは、イライラしないことではなく、イライラしてしまった感情を上手にコントロールすること。

そこに気づくかどうかに、「イライラをやめられるかどうか」の境界線が引かれているのです。逆に言えば、感情コントロールさえできれば、私たちは「イライラ病」を治すことができるのです。

まずは、イライラは誰にでも起こる感情だから、「イライラしてしまうことは仕方のないことだ」と思って認めること。ただ、そのイライラをどう解消するかは本人次第で、それによって結果は吉と出るか凶と出るか一八〇度変わってくるのです。

イライラという感情があること自体は、人間である以上、仕方がありません。ただ、イライラが起こりやすくなったり、長引いたり、どんどん増幅するようなメカニズムは、あの手、この手で改善できるのです。

そうすれば**「イライラすること」はあっても、「イライラする人」とか、「イライラばかりしている人」をやめることはできます**。

その第一歩が、先ほどあげた六つのような思考習慣を、ふだん、つまりイライラしていないときに、やめるように心がけるということになります。六つをきちんとメモしておいて、自分がそれに当てはまっていないか、ときどきチェックしてみるだけでもだいぶ違うことでしょう。

そのほか、この章では、イライラする人をやめるための仕組みについて説明していきたいと思います。

「怒りと無縁に生きる」日本人の知恵

ふだんの行動を少し変えるだけで、イライラを遠ざけることもできます。

そのヒントは、「江戸しぐさ」にあります。

「江戸しぐさ」とは、江戸時代の人々が快適に暮らしていくために編み出した行動習慣のことを言います。

狭い土地に大勢の人が生活していた江戸には、ルールやモラルが必要になりますが、規則として固めてしまってはあまりにも杓子定規（しゃくしじょうぎ）でおもしろくありません。そこで生まれたのが「江戸しぐさ」と呼ばれる、江戸の人たちのセンスと知恵の結晶とも言える粋なしぐさなのです。

有名なところでは、「傘かしげ」「こぶし腰浮かせ」「肩引き」といった「江戸しぐさ」があります。

それぞれ説明をすると、「傘かしげ」は、雨の日にすれ違うときに、人のいないほうに傘を傾けることでお互いに濡れずにすむというもの。「こぶし腰浮かせ」は、川の渡し場で座っているときに、後から来た人のために〝こぶし〟一つ分ずつ席を詰めることで、スペースをつくり出すこと。「肩引き」は、狭い道ですれ違うときに、一方の肩を後ろに下げることでお互いにぶつからないように歩く工夫のこと。

このように、**それぞれ相手を思いやる気持ちに基づいた暗黙のルールが、「江戸しぐさ」**なのです。

現代、通勤時の都心の交差点や、ラッシュ時の電車の中で、もしもこの「江戸しぐさ」をすべてのビジネスマンが心得ていたとしたら、それぞれのイライラは半減するに違いありません。なぜでしょうか?

その理由は、江戸時代であれ現代であれ、私たちのイライラの原因になるのは「人と人」のあいだで起きる行動や感情のもつれだからです。

当時の江戸は、風習も言葉も身分も異なる人々が、日本全国から集まってきた場所です。人間関係のイライラを回避しながら生きていくのは、難しかったのかもしれま

「怒りを未然に防ぐ」には?

江戸しぐさ——イライラを優越感に変え、
相手に振り回されなくなる!

せん。ただ、それは江戸時代に限ったことではなく、会社や家庭でストレス過剰とも言われている、私たちの今の生活となんら変わりはないのです。

「江戸しぐさ」の根底に流れているのは思いやりの心です。突き詰めて考えれば「相手に先を譲ること」にあるように思えます。

相手を気遣ってふるまうことが粋だという美学もありますが、必ずしもそれがすべての理由ではないでしょう。相手を優位に立たせておいて、自分は後から衝突を避けた道を通る、という心理的効果も大きいのです。

言われてみれば、私たちだって、相手から先に思いやりのある行為をされたらイライラするはずはありません。つまり、**「江戸しぐさ」は、お互いがイライラせずに暮らしていくためのアイデアでもあった**のです。

そんなことを言われても、こちらが相手をイライラさせないように気を遣っても、相手が傍若無人にふるまうこともあると言う人もいるでしょう。

ただ、ふだん、こちらが「江戸しぐさ」のようなことを心がけていれば、近しい相手なら、気分がいいので、これまでよりは、こちらのイライラするようなことをしなくなる可能性は十分あります。

それ以上に大きいのは、「江戸しぐさ」のようなことを心がけていると、自分が大人物のように感じられたり、あるいは粋だと思えるので、イライラするようなことをした人間を、ちょっと見下した感じで、余裕をもって見ることができるようになるのです。それによって、相手が傍若無人にふるまったときでも、イライラする代わりに優越感を覚えることもあるのです。

イライラしたとき「あなたの心の主役は誰？」

イライラは、大きく二つに分類することができます。
一つは、会社や知人のあいだなどの人間関係が原因で生じる「社会的イライラ」。
そして、もう一つは、家族や夫婦間で生じる「家庭的イライラ」です。
いずれの場合も、対処法は複数あります。**それぞれの傾向と対策をしっかり把握しておくことで、大抵のイライラに対応することが可能なものばかり**です。まずは、「社会的イライラ」から見ていきましょう。

「今の部署では自分の意見が通らない」
「上司が自分の仕事を評価してくれない」
このようなことでイライラしている人は多いものです。上司や会社へのイライラの原因の多くは、自己評価が高いことにあります。

自己評価が高い人は、いつも「どうして自分はわかってもらえないのだろう」という不満を抱えています。自分の努力や才能を認める人物が周りにいないことや、自分が正当に評価される環境ではないことを嘆き、いつもイライラしているのです。

私は、このタイプのイライラしている人は精神医学の立場から、「シゾフレ人間」に当てはまると考えています。

世界中の先進国で、本格的な精神病（内因性精神病と言います）は、統合失調症（昔は精神分裂病と言いました）と、躁うつ病（今は気分障害と言うことが多いようです）の二種類しかありません。そのため、正常範囲の人間でも、そのパーソナリティは、統合失調症型気質を持つ「シゾフレ人間（統合失調症を英語で、シゾフレニアschizophreniaと呼ぶため）」と躁うつ病（双極性障害）型気質を持つ「メランコ人間（うつ病を英語でmelancholyというため）」に分類される、と私は考えています。

「シゾフレ人間」と「メランコ人間」の違いは、わかりやすく言えば「心の主役が誰か?」という点でしょう。「シゾフレ人間」の心の主役が他者であるのに対して、「メランコ人間」はつねに自分が主役。

同じ失敗をしたときでも、シゾフレ人間が「運が悪かった」「タイミングが悪かった」などと他人のせいにするのに対して、メランコ人間は「自分のどこがいけなかったのだろう」「自分の努力が足りなかった」などと自分を責めることになります。

ですから、シゾフレ人間は、「自分の意見が通らない」「上司が自分の仕事を評価してくれない」といったことがあった場合、**たとえそれが自分の責任であっても、会社や上司、同僚など、環境や他人のせいにする他罰的な思考をする特性がある**のです。それが結局、イライラにつながってくるのです。

「自分の意見が通らないとき」の対処法

シゾフレ人間に当てはまる人が、イライラと縁を切る対処法として、まずは、一章

で述べたように「自己評価を下げる」という方法があります。

もちろん、自己評価を下げるということは、そう簡単なことではありません。誰も自分をできない人間、ダメな人間と思いたくはないでしょう。

ただ、逆に言えば、自己評価を下げさえすれば、よけいなことにイライラせずにすむだけでなく、周りからも一目置かれるようになります。要するに、謙虚だったり、自分のことを自分では低めに見る人だったりするほうが、少なくとも日本では評価が高いのです。自己評価を下げた分、他者からの評価が上がるわけです。

ですから、「自分の意見が通らない」「上司が自分の仕事を評価してくれない」といったことがあった場合は、「自分には、あとひと押しの積極性が足りなかったんだ」「もう少し早く結果を出す努力が必要だ」「まだ、評価されるに値するだけの十分な実力が伴っていない」といったように、自分に不足している部分を客観的に見つめるようにします。

この努力は、**イライラを少なくするだけでなく、結果的にあなたの評価も高めることになるはず**です。

なぜなら、なにごとも「うまくいかなかった理由の半分」は自分にもあるからです。

それに「うまくいかなかった」からといってイライラしていては、自分の未熟さを露呈することにもつながります。

「自分の評価は、自分ではなく他人がするもの。だから、〝この人と一緒に仕事がしたい〟と思われるようにならなくてはいけない」ということは、ユニクロを成功に導いたファーストリテイリングの柳井正（やないただし）社長も言っています。

柳井社長は、現在の状況にイライラするのではなく、「この状況で自分にできることとは何か？」を考えて、自分で仕事をつくって進んでいくことが肝要だと言っているのでしょう。

そうすることでイライラは軽減され、逆に仕事に対するおもしろみを感じるようになる。そうするうちに、自然と周りからの評価も高くなるのだ――これが、イライラを解消し、同時に仕事ができる人間になるための秘訣なのです。

周りに対してイライラした気持ちになったときは、一度、冷静に「自分に落ち度はなかったか？」と自省的にものを考えてみる必要がありそうです。突き進むだけではなく、ときには一歩さがって自分を省みることもイライラの解消には大きく役立つ結果になります。

「三〇年間続いたイライラ」を私はどう解消したか

あなたが感じるイライラは、けっしてムダな感情ではありません。

なぜなら、その**イライラ経験が、自分を成長させる糧にもなる**からです。

経済アナリストの森永卓郎さんも、組織に勤めていた若いころは、「就業時間後まで、なぜ上司に付き合って飲みに行ったり、自慢と愚痴を聞かされたりしなければならないのだろう」とイライラした日々をすごしていたと、インタビューで語っています。

そんな森永さんのイライラがムダではなかったと気がついたのは、数年後だったといいます。イライラの元凶だったはずの上司の自慢と愚痴から、組織の人間関係や仕事の仕組みが見えてきたのだそうです。

それまでいくら勉強をしてきたとはいえ、自分が所属した組織の仕組みまでは本から学ぶことはできません。ところが、苦痛に感じていたはずのイライラの原因にこそ、学ぶべきことがあったのです。そのことに気がついたとき、イライラはすっかり消えて、むしろ情報として聞いておくべきことだと思ったそうです。

「イライラはけっしてムダではない」ととらえる発想の転換をしてみることも、イライラを解消する有効な手段だと言えるでしょう。

私も精神科医としては、人のイライラを和らげるお手伝いをしてきたつもりでしたし、自分もいろいろな形で、イライラを抑えるように心がけてきたつもりでした。

しかし、じつは、一つだけ、いつもイラ立ちを感じていたことがありました。

それは高校生からの夢であった映画撮影がいつまでもかなわなかったということです。大学生時代に自主映画をつくっても評価されませんでした。

その後、一度、映画を撮るための近道と思って、マンガの原作の企画を出したことがあります。あるマンガ雑誌のセミナーで、さまざまな著名人に交じって、一〇人の講師の中の一人に選ばれたのです。そのときの人気投票の順位が高かったので、受験ノウハウのマンガを連載すれば、絶対に受けると訴えたのですが、編集部の返事は、「たしかにうちの雑誌の読者層の多くが高校生や受験生だが、彼らは息抜きとしてマンガを読んでいる。マンガにまで受験が入ってきたら読む人間などいるはずはない」

というものでした。

その後、『ドラゴン桜』というマンガがヒットしたのは、誰もが知るところですが、それがヒットした際も、本当に悔しかったものです。いつもイラ立ちを感じていたのはそういう事情からです。

結局、自分のやっている通信教育の会社で、創業二〇周年ということで、全額、自腹をきって映画（『受験のシンデレラ』）を撮ることになりました。

この映画にしても、予想したほどお客さんが入らなかったので、イライラしないわけではありませんでしたが、モナコの国際映画祭でグランプリをいただくなど高い評価を受けました。

じつは、この映画を撮って、**「イライラはムダでない」**と感じたことがいくつもありました。

一つは、マンガの企画がボツにされてから、「絶対におもしろい受験の映画を撮ってやる」と思っていたので、つねに映画のネタ探しをしていたことがあります。そのおかげで、大学受験を終えてから三〇年もたつのに、学生を使いながら、つねに新しい受験テクニックを探しつづけることができました。

その知識は、通信教育のほうにも役立ちましたし、映画でもかなり説得力のある受験テクニックを公開できたと思っています。

ついでに言うと、イライラのおかげで、映画で使えそうなネタを長い人生経験の中でつねに拾い集めてきたとも言えます。

「余命が一年半と告げられた講師」の場合

積極的なプラス思考は、実行するのは面倒なものです。

ただ、この「イライラはけっしてムダではない」くらいの楽観的思考であれば、誰でも簡単にできるのではないでしょうか。**「イライラはけっしてムダではない」と認識を変えて感情をコントロールすることは、イライラを解消するための効果的な解決策となる**のです。

じつは、映画をつくる前の年に（このときは映画をつくることを決めていませんでした）、がんの緩和ケアについてのシンポジウムのシンポジストに呼ばれて、そのための勉強を始めました。そこで初めて、日本のがんの患者さんたちの多くが、医者の不勉強のために医療用のモルヒネを使ってもらえず、痛みに苦しみながら死んでいく現状を知ったのです。

医療用のモルヒネを有効に使うと、痛みが抑えられるため、残りの人生で、仕事が続けられたり、好きなことができるのです。以前は、医療用のモルヒネを使うと、命が縮むなどと言われていましたが、実際は、食欲も落ちないし（吐き気の副作用を抑えれば痛みを感じていないほうがよく食べられるのです）、免疫機能も上がるようで、逆に余命が伸びることも知りました。

ここでも、医者の不勉強にイライラしました。

結果的に、この映画では、がんで余命が一年半しかないと告げられたカリスマ受験指導者が、貧しい少女に受験テクニックを教えることで東大合格を目指すという話にしたのですが、この緩和ケアの勉強と、医者たちへのイラ立ちが役立ちました。

緩和ケアのおかげで、病気をさとられないまま、最後まで少女に受験指導を続ける話にできたのです。

さらには、「いつになったら映画ができるのだ」とイライラしながらの日々を送ってきたおかげで、映画に協力してくれそうな知り合いも増えました。三枝成彰さんが、タダで音楽を担当してくれたり、秋元康さんが主題曲をくださったり、林真理子さんや辰巳琢郎さんが特別出演もしてくれました。

おそらく若いころにすんなり映画を撮っていたら、単なる受験テクニック映画に終わっていたでしょうが、**イライラしながら待ったおかげ**で国際的な賞をいただけるレベルの映画に仕上がったのです。五〇歳直前のデビューのほうが歳をとってからも続けられる可能性も高いと信じています。

和田式「折れた心・へこんだ気持ち」コントロール法

会社ではイライラしないのに、家庭だとイライラしてしまうという人がいます。
家族がいても、家族に囲まれていても孤独を感じてしまうのでしょう。
「妻（夫）と自分は違う人間だ」
「家族といっても結局はわかりあえない」

などなど、どこかで冷めた思いを抱えているのかもしれません。その根底には、「自分の気持ちが、どうしてわかってもらえないのだろう」という不満があり、それがすべてのイライラの原因になっているのです。ですから、家庭内でのイライラを解消するには、その逆をつけばいいということになります。

つまり、家族に理解者をつくるということです。

身内に理解者がいると、イライラが解消できるだけでなく、仕事に対してのモチベーションも上がります。もっとスケールの大きな話でいえば、生きていく原動力にもなると言えるでしょう。

二〇〇二年に文化勲章を受章した映画監督の新藤兼人氏は、身内に良き理解者の存在があったことで有名です。

今でこそ、日本を代表する映画監督として名を馳せている新藤監督ですが、駆け出しのころは、なかなか芽の出ないシナリオライターとして、大変な苦労があったといいます。

好きで映画の世界に飛び込んだものの、肝心な仕事がはかどらないとなると、イライラを通り越し、絶望に満ちた現実と直面せざるをえなくなるのも当然のこと。シナリオを書くことを断念して、根本からやり直さなければならないと思うところまで追い詰められてしまったのでした。

ところが、新藤監督の才能がイライラにつぶされることがなかった理由として、当時の妻の言葉があったと言われています。

「もう一度、書けばいいじゃないですか」

という妻のひと言は、努力が報われずに、家庭内に持ち込まれたイライラを緩和させるには十分だったはずです。

新藤監督の良き理解者であった妻は、二七歳という若さでこの世を去ります。そして、亡くなった妻への気持ちをこめてシナリオを書き、メガホンをとった作品が代表作『愛妻物語』となったのでした。

もちろん、それまでに新藤監督は『近代劇全集』『世界戯曲全集』の合計約八〇巻を読了するなど、映画をつくることに関しての努力を怠ってはいませんでした。ですが、なんといっても原動力となったのは亡き妻の存在だったのではないでしょうか。

良き理解者がいるということが精神的にどれだけの安定をもたらし、エネルギーになるかを物語っているエピソードだと思います。

会話するだけでイライラが消える「理想の男女関係」

家族に理解者をつくる――こういう話を聞くと、「自分はそんなに理解のある配偶者に恵まれていない」「今から急に相手の理解が得られるとは思えない」と嘆く人もいるかもしれません。

ですが、それは誤った思い込みです。

家庭内でイライラしないための理解者は、誰でも今から得ることができるのです。

そのための一歩は、あなたから踏み出さなければなりません。

まず「相手に甘えてみること」から始めましょう。

具体的には、イライラする原因を相手に打ち明けるのです。胸のうちを正直に話すことは、自分の不安をさらすことでもありますが、けっして恥ずかしいことではありません。

お互いに甘え合うことを心理学上では「相互依存関係」と呼びますが、これはいたって健全な関係だと言えるのです。コフートをはじめとする精神分析学の世界でも、相互依存関係は望ましいものと考えられていて、成熟した人間関係の証しであると言われています。ですから、信頼できる家族にこそ甘えるべきなのです。

さらに、よほどの事情がない限り、目の前で困っている人に手を差し伸べない人はいません。身内がイライラするほど困っていることを吐露したときに、「力になってあげたい」と考えるのは人間なら当たり前のことでしょう。

これがイライラの正しい対処法なのです。

イライラは、その原因を話さずに感情だけを相手にぶつけていても、問題が解決するどころか、自分も周りも被害が大きくなる一方です。**イライラしたときは、「何がどのように困っていていてイライラしているのか」を相手に話すこと。**

この甘えの姿勢が、イライラを解消するための大きな一歩になるのです。

夫婦が、成熟した甘えの関係になれるか、イライラの素になるかというのは、「思いきって悩みを打ち明ける」「自分の不満を話してみる」ことにかかっていると、私は考えています。

夫婦であれ恋人であれ、お互いが悩みを相談しているうちに、お互いのことを好きになって恋愛関係、夫婦関係にいたるという場合はともかくとして、多くの場合、魅力的な面を見せ合おうとしてスタートするものです。お互いの魅力的な面に惹かれていくうちに、恋愛関係、最終的には結婚という形になりがちです。この場合、なかなか自分のダメな部分、恥ずかしい部分をさらけ出せないことが多いのです。

職場などで辛かったことや、悔しかったことを自分から打ち明けられないだけなのに、「相手がわかってくれなくて、能天気に自分の話ばかりする」とイライラしているのでは、イライラは募る一方です。

しかし、**思いきって打ち明けてみると、長い恋愛関係、夫婦関係にいる場合は、意外に自分の味方になってくれることが多い**ものです。「あなたがそんなにダメな人間と思わなかった」などと言って、恋愛が冷めるなどということはまずないのです。

今日から「家庭内のイライラがなくなる」生き方

ところが、家庭内のイライラは放置すると、取り返しのつかないことになります。

社会的イライラよりも、家庭内で家族に対してイライラしてしまったときのほうが自分が受けるダメージのレベルが格段に大きくなるのです。イライラの原因がなんであるかはまったく関係がありません。それよりも、自分のイライラを家族にぶつけてしまったときの被害の大きさが問題なのです。

イライラのぶつけ方一つで、その後「相手のやることなすこと、すべてが気にさわるようになった」という人も少なくありません。イライラの矛先を家族に向けてしまい、「言ってはいけないことを口にしてしまった」がために、その後、何十年も信頼を回復できなくなってしまった。あるいは、離婚という最悪の結果になるというケースもあるのです。

そのくらい、**小さなイライラの破壊力は大きいものがあります**。

ですから、家庭内でイライラしてしまったときこそ、対処法が重要になるのです。

誤解している人が多いようですが、「イライラをガマンすること」は対処法にはなりません。たしかに、イライラを顔や態度に出さずにいれば、その場はなにごともなかったようにやりすごせます。ですが、感情を抑え込むことが、イライラを解消することにつながらないことに気づくべきです。

一つには、イライラをガマンしたり、抑え込んだりして、顔や態度に出さないというのが意外に難しいということがあります。自分ではガマンしているつもりなのに、やはりイライラしているために不機嫌な顔になったり、相手の話をゆっくり聞けなかったり、あるいは冗談を言われても笑えなくなるなど、ボロはいろいろな形で出ます。相手は、そのようなボロを敏感に感じるものです。すると、こちらのことを「つまらない人」「話が通じない人」と感じて、どんどん夫婦の愛情が冷めていく場合もあります。

あるいは、前から述べてきたように、**イライラを抑えているのが、ある限界に達すると、ちょっと気に入らないことを言われただけで怒りを爆発させたり、言ってはならないことまで言う**ことも少なくないでしょう。結果的に、これまでの怒りやイライラを抑えてきたことがまったくのムダになってしまうのです。

「感情を抑え込むこと」イコール「感情をコントロールすること」ではないことは、精神科治療の現場でもスタンダードな決まりごとになっています。

たとえば、精神安定剤（とくに強力精神安定剤と呼ばれる興奮を抑えるタイプの精神安定剤）を患者に使用する場合を考えてみましょう。精神安定剤とは、いわゆる鎮

イライラを「上手に逃がしてあげよう」

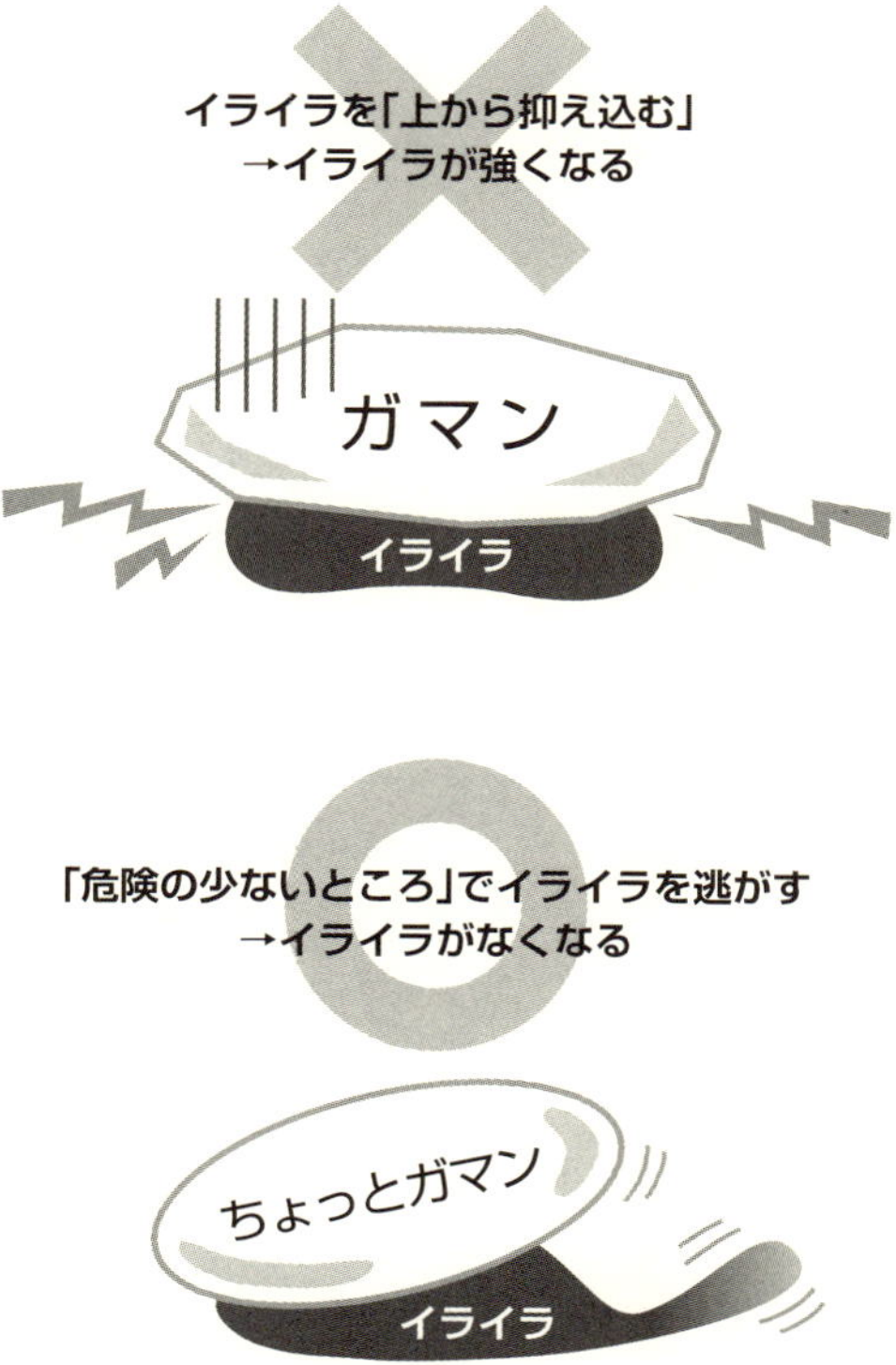
イライラを「上から抑え込む」
→イライラが強くなる
ガマン
イライラ
「危険の少ないところ」でイライラを逃がす
→イライラがなくなる
ちょっとガマン
イライラ

痛剤や麻酔のように一定時間、感情をマヒさせる働きがあります。この手の精神安定剤を、精神科の治療では暴れ出した患者を抑えるために投与する場合があります。これで一時的に患者はおとなしくなります。

ところが、薬の効果が切れればふたたび同じように暴れ出してしまうのです。つまり、一時的に感情を抑えたとしても、根本的な原因をつきとめて治療しない限り、感情のコントロールは難しいということです。

イライラも同じことが言えます。家庭に戻る前の職場や家庭内で起きたイライラを、そのままガマンしてやりすごしても、最終的には意味がありません。**無理矢理抑え込んだイライラの感情が暴発する可能性がある**のです。

「向き合わない」「抑えない」「溜めない」三原則

では、家庭内のイライラを、ガマンせずに解消するにはどうしたらいいか。

一つには、正直に言ってみることでしょう。

自分がイライラしていることを正直に打ち明けてみれば、意外とすんなりわかってもらえることは、けっして珍しいことではありません。とくに、**職場などの「家庭の外」で起こったイライラについては、むしろ家族が味方になってくれる**ことのほうが多いくらいです。

家庭の中で、相手のものの言い方やしぐさ、あるいは料理の味つけなど、気にいらないことがあったらガマンしてイライラするより、はっきりと言ったほうがいい場合があります。

たとえば、「それは不愉快だ」とか、「この料理はふだんと比べておいしくないね」などと言ってみる。たしかに相手は不機嫌になるかもしれませんし、言い争いになることもあるでしょうが、そんなに後腐れになることはないものです。

怒りやイライラを抑え込んで、溜め込むより結果はいいと思います。そのほうが、今後も「ケンカはするけど、仲のいいカップル」になれる可能性が高いのです。

ただ、本音を言うことで、お互いの距離が縮まることのほうが多いように思いますが、そうはいかない場合もたしかにあります。相手の性格上、ちょっと批判すると「瞬間湯沸かし器」のように激昂される場合もあるでしょう。そんなときはどうすればいいのでしょうか？

それは「逃げること」でしょう。

イライラする原因についてなんらかの感想を抱くことを一切ストップして、考えないようにするのです。正確には、「逃げる」ではなく、感情を「逃がす」ことになると言ったらいいでしょうか。

「なぜ、わが家はいつも部屋が汚いのだろう」

「どうして、わが家は夕食の支度に時間がかかりすぎるのだろう」

というような家庭内のイライラの多くは、グルグル考えても仕方のないことばかり。というのも、これらの**イライラは相手の行動を変えないと解決しない**ことがほとんどだからです。

であれば、そのことを考えてイライラするのは時間のムダというもの。いっそ疑問に思ったり感想を抱いたりすることをスパッとやめて、一度、距離をおいてみることです。言ってみれば、イライラした感情をクールダウンするのです。

イライラしたら「イライラ」とは向き合わない。「イライラ」から目をそむけて、イライラの感情を逃がしてあげる。

「他人と比べない」「自分の長所と比べる」テクニック

「妻（夫）がもっと優しかったら……」
「子どもがもっと賢かったら……」
「親がもっと金持ちだったら……」

家庭内ですぐイライラしてしまう人は、無意識になんでも他人と比べてしまう傾向があるようです。

このような思いは、他人と比べるからこそ生じるものであって、けっして自分の自然な感想ではありません。むしろ、そうやって他人と自分を比べてしまうことで、「なぜ自分はこんなに不遇なのだろう」とマイナス感情を抱いてしまうのです。

ところが、これらのイライラには落とし穴があります。と言うのも、これらは端から見ればどうでもいいことが多く、周りと比べさえしなければ本人ですら気がつかないものがほとんどなのです。

他人と比べないことは、よけいなイライラをしないためには鉄則の習慣なのです。

「他人が笑おうが笑うまいが、自分の歌を歌えばいいんだよ」という言葉を残したのは、昭和の日本を代表する芸術家である岡本太郎さんです。

個性的なもののほうが普遍的であるという考えに基づき、数々の芸術作品を生み出した岡本さんの生き方は、私たちの目には非常に自由に映ります。その一方で、そんな岡本さんの一見イライラとは無縁の奔放そうな毎日には、想像以上に他人からの賞賛や批判の声が寄せられていたのではないかと推測できます。

作品を発表すればするほど増える他人からの評価や他者との比較は、イライラするだけで自分のためには何一つ価値がないものだと気がついたからこそ、かの発言にいたったのではないでしょうか。

宗教学者の山折哲雄先生が指摘しているように、日本人はもともと比較することが好きな民族です。県民性の違いをテーマにしたテレビ番組や書籍は数知れず、「比較〇〇論」といった学問も発達しています。

実際に私たちの生活でも、何かにつけてすぐに比較されるのは当たり前ですし、自分も無意識に比べてしまっているでしょう。ですが、こと家庭内のイライラに関して

「他人の目が気にならなくなる」コツ

人に笑われても、自分の歌を歌えばいい！
他人との比較には何一つ価値はない

は他人と比較して考えるのはまったく意味がありません。なるべく早めに**「自分は自分」という考え方に切り替えたほうが得策**です。

では、家庭内ですでに生じてしまったイライラは、具体的にどのように解消したらいいのでしょうか。

それは、比較する軸を増やしてみることです。

たとえば、いつでも散らかった部屋にイライラしてしまう人は、「何度注意しても部屋を片づけられない妻のだらしなさには辟易するが、憎めない性格には救われる」「会話もせずに黙々と食事をする夫の仏頂面にはイライラするけれど、肝心なときには頼りになる」というように、比較する軸の種類を他方向――相手の長所――にまで広げてみるのです。

「なんでもかんでも負けている」なんてことは、そんなにあるはずがありません。そして、このような形で相手の長所が見られるようになれば、ほかの人間関係でも確実に成功につながっていくのです。

判断基準は多ければ多いほど、イライラは減っていきます。

4章

マイナス感情——短時間でプラスにする私の方法

イライラする人は「相手の気持ちを考えすぎている」

イライラは、ほんの少し考え方を変えるだけで解消することができます。

ここからは、イライラをやめるための心と行動の習慣について、効果の高いものを紹介します。

まずは、一つでも構いません。気になるもの、実行できそうなものから、すぐに挑戦してみてください。

はじめに、**イライラする人をやめたいと思ったら、今すぐ「良い人」をやめてしまうこと**。

私たち日本人のほとんどは、「良い人でありたい」と潜在的に思っています。子どものころからの教育、環境によって、「良い人・外面の良い人＝立派な人」という図式が体に染みついていると言ってもいいでしょう。

ですから、「困っている人がいたら助けないのは人道に反することだ」といったこと同じレベルで、「人に愛想良くしないといけない」「人から頼まれたことはむげに断ってはいけない」「人付き合いはちゃんとしないといけない」などということが常識として私たちの心に根づいているのです。

もちろん、これは間違いではありません。あまり露骨に不快な顔をしたり、取り付く島もない人に会うより、人前でイライラしたりしないで、いつも機嫌が良い人と会うほうが、誰でも気分がいいからです。

ですが、「良い人でありたい」という思いが先にたち、断るべきことが断れなかったり、日々のイライラを発散できずに溜め込んでいってしまっては本末転倒というものでしょう。そんなときは、思い切って、「良い人」をやめてみることです。

今のあなたにとっての最優先事項は、「良い人でいる」ことではありません。イライラを解消して元気な心を取り戻すことだと思ってください。イライラした心を抱えているのを自覚している段階にいるままでは、事態は改善される見込みはありません。イライラは増幅するばかりです。

ただ、「良い人」をやめてみる、といっても簡単にできることではありません。

「良い人」をやめるには、相手の気持ちを考えすぎないことです。

もちろん、頼まれたことを断ったりすると不快に思われることもあるし、ニコニコしていないというだけで、無愛想だと思われたりするかもしれません。しかし、向こうだってよほどのバカか、人生経験が乏しくない限り、頼んだことや、誘ったことが全部通るとは思っていないでしょう。それに、いつも愛想の良い人間のほうが不思議だと思われるものです。

人間というのは、こちらが思っているほど、こちらのことを気にしていません。

私はよく講演会の途中で、スーツの襟でネクタイを隠すことがあります。そして、「今日の私のネクタイは、何色だったでしょう?」などと聞くのですが、たいていの人は私のネクタイの色など覚えていません。

目の前で講演している人間のことでさえ、この程度しか見ていないのです。ですから、人間というのはそんなに相手の格好ややったことなど覚えていないのです。恨まれるようなひどいことをしたとか、言ったとかいうのでない限り、ちょっと誘いを断ったくらいの話なら、すぐに忘れてくれると思っていいのです。

「良い人でなくても大丈夫」――こう思うことが、「良い人」をやめる第一歩と言えるでしょう。

断る技術——後で断るくらいなら「今、断る」

相手の気持ちと、こちらが予想する相手の気持ちは必ずしも一致しません。

それどころかほとんど一致しないものです。

精神科医でも、相手の正確な気持ちを予想するのに苦労します。ですから、「相手の気持ちがわかる」とか、「相手はこう感じるはずだ」とか考えるのは、無理に近いことです。

人間の気持ちなど所詮わからないものだと考えれば、こっちが相手にとって「良い人」でいようとしても、相手はこちらのことを「本音を出さない人」「良い人ぶっている人」と思うだけかもしれません。「相手の気持ちなんてわからない」と素直に認めれば、「良い人をやめる」のも簡単にいくことでしょう。

次にやるべきことは、**今の自分を認めること**。

たとえば、「怒らない」「いつもニコニコしていよう」などと思うばかりでなく、

「イライラしている自分だっている」ことを認めるのです。ムリをせず「今の自分はイライラしている」と意識するのです。「不安定な精神状態につき、ささいなことでイライラしてしまう」ということを周囲に宣言するのもいいでしょう。

「良い人」を気取っても結局はイライラしてしまうのですから、最初から隠さず、オープンにしたほうが気持ちは楽になることも多いのです。

あるいは、頼まれごとや誘われごとの場合、「頼まれたことを、本当にイライラせずに引き受けることができるのか」「誘われて、本当にずっと嬉しそうにしていられるのか」などをきちんと考えてみる。それはムリだと思うのなら、むしろすっぱり断ったほうが、自分のメンタルヘルスにもいいし、最終的に相手に嫌な思いをさせなくてすむのです。

「良い人」をやめて、イライラに弱い自分を認めること。

自分に対しての過剰な期待がなくなれば、自然とイライラの症状は軽くなっていくでしょう。

「恐れてはいけません。暗いものを凝と見詰めて、その中からあなたの参考になるものをお攫(つか)みなさい」——これは、夏目漱石の『こころ』に登場する一節です。

漱石は、自分の中にあるマイナスの感情を認めることで、次の新しい一歩を踏み出すことができるだろう、と語っているのです。

人生と仕事の「雑音」をきれいに消去する法

私たち日本人は「他人の意見に左右されすぎる」という傾向があります。

日本人がいかに他人の意見に影響されやすいかは、データからも実証されています。

『世界主要国価値観データブック』によれば、「新聞や雑誌を信頼するか？」という問いに対して、日本人の七二・五パーセントの人がイエスと回答しています。私たちのほとんどは、「雑誌はともかく、まさか新聞の情報が信頼できないはずがないだろう」と無意識に思っているところがある証拠でしょう。

ところが、同じ質問に対して、イギリス人で「イエス」と答えたのは、たったの一二・九パーセントだったのです。

見聞きしたことは、あくまでも情報としてインプットするものの、それを全面的に信頼してはいない。したがって、マスコミや他人の意見によって自分の言動が変わることはない――というのが、世界の標準的な考え方だと言えるでしょう。

これはイライラ対策にも応用できます。

というのも、周りの人の意見や情報は聞き流し、心の中では「自分は自分」という潔い考えを持つことは、他人との思惑の相違で生じるイライラを解消するには重要なことなのです。

ときには、**意図的に周りの意見を聞き流す――そうすることで、イライラがウソのようにおさまる**場合があります。多くの人の意見に耳を傾けすぎることで混乱してしまい、自分の本音を言い出せないままイライラしていることは、よくあることだからです。

そして、周囲の意見、雑音を聞き流すには、二つの方法があります。

一つは、どれも情報なのだと割り切って、一通りどれも受け入れてみるということ。どんな問題にだって、賛成意見もあれば反対意見もありますし、右の意見もあれば左の意見もあります。いろいろな意見が世の中にはあるのだと思えば、それらの意見に振り回されるのではなく、幅広い考えの中から自分の考えをつくり出すことができます。相手が自分とは違う意見でも、「参考にさせていただきます」と素直に言えるようになるし、心の中で「でも、やっぱり違う」と自分で結論づけることもできるのです。

もう一つは、最終的には絶対の正解はないと割り切ることです。

どんなに賢い人の言うことでも、絶対の真理など世の中にはありません。

地球温暖化一つとってみても、今はCO_2のせいだとかされるかもしれませんが、二〇年後には学説が変わっているかもしれません。**正解がないと思うのなら、振り回されることもなくなるし、とりあえず自分の正しいと思った道でいこうと踏ん切りがつく**でしょう。あるいは、正しそうな解答にたどりつくまであれこれと試してみようという気になれることでしょう。

たとえば、タバコの値段が一個一〇〇〇円になることが決定したとします。

すると、たちまち世間にはあらゆる意見が飛び交うことになるでしょう。喫煙派は「一〇〇〇円はどう考えても高すぎるだろう」と憤怒するでしょうし、禁煙派からは「副流煙の被害を考えれば二〇〇〇円でも高くないのでは?」という声もあがるかもしれません。ほかにも「外国では一〇〇〇円近くの国もある」「いっそ禁煙国にしては？」など、あらゆる立場の人がいろいろな意見を口にするはずです。

これらの意見を一つにまとめるのは至難の業と言えるでしょう。こちらを立てれば、あちらの顔がつぶれる、という状態は避けられず、もしあなたが、タバコの値段の決定権を持っているとすれば、莫大なイライラを被る結果になるはずです。

そんなとき、もしも自分のイライラを解消したいのであれば、進むべき道は一つしかありません。全員の意見が吸収されて丸くおさまる方法ははじめから存在しないのですから、**自分の信念どおりに決定するしかないと割り切る**のです。

つまり、周りの意見は聞き流して自分の意志を貫くこと。それなら少なくとも、自分の中では結論に納得できるのでイライラしなくてすむはずです。

「完全主義者の仕事に限って不完全」と心得る

完全主義の人ほど、イライラしやすいものです。

なぜ、完全主義がイライラする原因になるのか。

それは、できると思ったものごとが達成できなかったときに聞こえてくる、自分の心の声にあります。「自分はまだまだダメだな」「昔だったらできたはずなのに」という本音が、「今はなんでこんなこともできないのだろう」とイライラを誘発することになるからです。

たとえば、料理が得意ではない人が有名シェフの料理本を読んで、自分も料理をつくってみようと思ったとしましょう。ところが、レシピどおりにつくったはずなのに、見本の写真とは似ても似つかない料理ができてしまいました。

そのときに、「どうして自分は料理が下手なのだろう」「なぜ思ったとおりの料理ができないのだろう」と思ったのでは、たちまちイライラにつながってしまいます。そこで自分が満点を取れなかった力不足を嘆くのではなく、食べてみて味がそこそこであれば、「まあ、このくらいなら合格とするか」と及第点を与えましょう。

結果は同じでも、**「自分にしては上出来だろう」という評価を自分自身に与えることで、イライラする気持ちはずっと弱まります**。「一〇〇点を目指せば不合格なことでも、六五点を目指せば合格できる」というように、考え方のハードルを下げてみるとイライラしなくなるものなのです。

心の健康を保つには、体と同じで適度な休息が必要になります。疲れていればイライラしやすくなりますし、完全主義を貫けばそれだけ心に〝澱(おり)〟のようなものが溜まりやすくなるのは当然でしょう。

「心の休息」とは、適度に手を抜くことであり、完璧を目指さないことです。

私たちは三〇歳を過ぎれば（四〇歳でも心配することはありません）、どのような分野の仕事や作業であれ、ある程度のコツをつかんでいます。押さえるポイントがわかってさえいれば、ほかの部分やその過程で多少の不備があったとしても、上手に着地できる心得があるというわけです。

徹頭徹尾、一点の狂いもなく一〇〇点を目指せば、どこかしらの段階でつまずいてしまい、イライラするときがくるでしょう。ですが、最初から六五点を狙っていけば、イライラもせず、遂行したときの安堵の気持ちを味わうことができるのです。

「ノーミスでいこう」「完璧を目指そう」という考えをやめると、イライラする回数は確実に少なくなります。すると、満点を目指していたときより結果的に高い点を取れることも多いのです。これは、仕事や家事、人間関係など、すべてのものごとに当てはめて考えることができる法則です。

イライラをやめる→迷いが消える→決断が速くなる

私たちの周りには、「あの人は竹を割ったような性格だ」と言われる人がいます。

この手のタイプの人は、何かが起こったときにはつねに迷わずに「これだ」と思ったことを選択して前に進んでいきます。ビジネスの世界では、「潔い判断ができる人だ」と、仕事がデキる人の評価を得ている場合もあるでしょう。

テキパキと行動するため、一見、ストレスとは無縁に見えるタイプですが、じつは**ものごとの白黒をハッキリつけたがる人ほどイライラを募らせやすい**という特徴があります。前述したように、認知療法という心の治療法では、ものごとに対して「白か黒か」というような判断をする人を「二分割思考」と呼びます。

「二分割思考」をしていると、人間関係においてもイライラする局面に多くさらされます。

たとえば、同じ職場で働く人たちを、すぐに「敵か味方か」に分類しようとします。

「敵」に分類された人に対しては、つねに反感や憎悪、軽蔑感を持ってしまいます。

たとえ職場にとって画期的な提案をしたとしても、それが敵とみなす人の提案であれば「そんなこと、誰でも思いつく陳腐なアイデアだ」「どうせ、上司のご機嫌とりだろう」などと認めようとはしません。

ですから、相手が何を言っても、どんな行動をとっても、イライラの対象になってしまうのです（じつは、これは「二分割思考」以上に、「属人思考」といって、何を言ったかより、誰が言ったかのほうが、賛成したり反対したりする判断の基準になっているパターンです）。

とはいえ、「味方」に分類された人も油断はできません。

なぜなら、何かの拍子でその「二分割思考」をする人の批判をしたり、反対したりすると、一気に「裏切り者」のレッテルを貼られることとなるからです。

二分割思考では、味方か敵しかいません。ですから、その人に反対すると、「全面的な味方ではない」という判断ではなく、「味方が敵になった」という判断をされてしまうのです。裏切り者と思い込んだら最後、「敵」と同じことなので、やることなすことにイライラするという結末まで同じ道をたどることになります。

つまり、**「二分割思考の人」は、自分から生きる世界をせばめてはイライラを募らせてしまっている**ことになります。

実際には、どのような職場であれ、敵も味方もほんのひと握りしかいません。少なくとも、いつも味方とか、いつも敵という人はほとんどいないでしょう。つまり、ほとんどの人は敵でも味方でもないのです。

ただ、そのときの状況に合わせて動いているだけで、目の前のテーマによって意見が合うか合わないか、というだけのことなのです。それを大仰に「敵か味方か」を言い立てて、みずからイライラしているのは非常に損をしていると言えるでしょう。

「あのときの意見は賛成できなかったけれど、今度の提案には理解できる部分もある」というように、含みを持たせて考えるとイライラは減ります。

「自分は、二分割思考をする傾向がある」「白か黒かものごとをハッキリさせようとする」と感じる人は、すぐに選択を迫るのではなく柔軟に考えるようにすることでイライラする人をやめることができます。

また、二分割思考の習慣を断つには、心の中でグレーのスケールをつけるといいでしょう。味方を白、敵を黒とすると、相手がどの程度のグレーなのか、白に近いグレーなのか、黒に近いグレーなのかという判断をするのです。

あるいは、完全な味方を一〇〇点、完全な敵を〇点として、相手は何点くらいかという判断でも良いでしょう。相手の点数が上がってくるということは親密度が増したということです。要するに、「白と黒のあいだは何通りもある」という考え方をする逆の習慣をつけるのです。

ところで、竹を割った性格の話をしましたが、二分割思考と判断の速さや潔さは何の関係もありません。

白か黒かで分けようとすると、逆に迷うことも増えて、どちらかに決めるまでに時間がかかることだってよくあるケースでしょう。暫定的に八〇点くらいかなと思えたほうが判断が速いこともあるのです。

潔い判断というのも、「とりあえず決めたことだから後で変えていいや」というフレキシブルなところがある人のほうがしやすいのです。このほうが、イライラしたりストレスを溜めたりしないことは明白。そういう点でも二分割思考というのは、けっして良い性格とはいえないのです。

榊原英資氏の危機管理術——「最高の場合」と「最悪の場合」を想定する

どんな状況でも、「最高の場合」と「最低の場合」をあらかじめ想定しておく——。

そうすることで、**大半のイライラは未然に防ぐことができます**。

このことは、元財務官の榊原英資（さかきばらえいすけ）さんと対談をしたときに学びました。

榊原さんは世界の市場分析を行なっていて、「ミスター円」と呼ばれるほどの人物で、日本の経済界でもトップクラスのエコノミストです。

以前、私はその榊原さんに、どのように金融情勢について判断をするのかをたずねたことがありました。すると、「アメリカに行って、もっとも楽観的なエコノミストと、もっとも悲観的なエコノミストに会う」という答えが返ってきました。

二つの両極端な話を聞くことで、今後の楽観的な情勢と、悲観的な情勢の両方のシナリオを頭の中に描くことができます。現実は、どちらでもなく、その中間という場合が多いそうです。ということは、あらかじめ両極端の想定をしておけば、ある程度、ある範囲の中で先が見越せるために正しい判断ができるというわけなのです。

このやり方を私たちの生活に当てはめれば、**イライラの感情が起こる前に心をガードすることができる**と思います。

たとえば、朝の通勤電車が車両故障の疑いがあるために駅と駅のあいだで緊急停車をしたとしましょう。楽観的なパターンは、一分もかからないうちに「点検により異常なし」とされて電車が動き出す、というもの。悲観的なパターンは、そのまま電車に数時間閉じ込められて午前中の会議や商談をすべてキャンセルしなくてはならなくなる、というもの。

実際は、いつもより一〇分ほど遅れてしまう結果になったとしても、「最悪なパターンよりはましだろう」となります。もしこれが、何も想定していなければどうでしょう。たった一〇分とはいえ、あなたは電車の中で「まだかまだか」とイライラしっぱなしで次の展開を待たなくてはならないのです。

また、家庭内でも同じことが言えるでしょう。

朝、出がけにささいなことが原因で、夫婦間でもめたとします。このときも、「相手はすぐに忘れるだろう」という楽天的な考えと、「このまましばらく冷戦が続くことになり、果ては別居という可能性もあるかもしれない」という悲観的な考えを用意しておきます。

　すると、後はそれ以上、最高なことも最悪なこともないわけですから、ケンカの後のモヤモヤした後味の悪さとイライラを引きずることなく、気持ちを切り替えて一日をすごすことができるでしょう。さらに、帰宅するころに朝のケンカを思い出したとしても「冷戦が続くよりは謝ってしまうのもありだろう」と譲歩する余裕すら出てくる可能性だって高くなるのです。

　起こってしまったアクシデントに対して、イライラの感情をわきあがらせないための防御策は、最高の場合と最悪の場合を想定すること。

　つまり、**イライラを予防することは可能**なのです。

今日から「人生のムダな迷い」をゼロにしよう

イライラを減らすには、「できること」「できないこと」を考えてみることです。

「できること」に関しては、なんの問題もありません。肝心なのは、「できないこと」についてでしょう。

たとえば、生活レベルが自分と同じくらいだと思っていた同僚が、じつは金持ちの息子でアメリカをはじめ海外での生活経験も長かったことがわかったという設定で考えてみます。

あるとき、その同僚が会議の場でアメリカ社会の現状を踏まえた発言をしたところ、思った以上に説得力があったため上司から賞賛されたとしましょう。

キャリアも立場も同じなのに、たまたま恵まれた環境に育ったというだけで上司からのおぼえがめでたいとしたら、あなたは同僚に対して嫉妬心でイライラするのではないでしょうか。もしくは、自分も良いところを見せようと背伸びをして、よけいな疲労感やストレスによるイライラを溜め込んでしまうに違いありません。

「なりたい自分」になれないときは、誰でもイライラするものです。ですから、「本当は自分だって、会議で上司をうならせるような発言をして、良いところを見せたいのに」という思いはイライラに直結してしまうことになります。

このようなときは、最初から「自分には、アメリカ社会のことは語れない」というように、腹を決めてしまうほうが得策です。ムリして知ったかぶりをしたり、つけ焼き刃の勉強で立場を守ろうとしたりしても、周りは敏感に見抜きます。したがって、誰からも尊敬されずに、「自分なりに努力したのにわかってもらえない」などとイライラするだけ、かえって損ということになります。

つまり**「できないこと」については、必要以上に考えない――これだけでイライラは大分軽減される**はずです。

自分の未熟さや経験不足、嫉妬やうらみといったマイナス感情は素直に認めたうえで、ものごとを「できること」と「できないこと」に分けて考えることは、イライラせずにすむ最良の方法と言えるでしょう。「できないこと」に分類したことについては、能力以上の課題を抱えてイライラしたり、ムリして行動を起こして失敗してイライラする、という事態が避けられるからです。

「今までそれなりに経験があるから」「今さらこの歳で知らないことがあるのは恥だ」といったムダなプライドさえ捨てて、「できないこと」をつくってしまえば、あなたのイライラをすぐにでも減らすことができます。

そして、「できること」で勝てばいいのです。

アメリカ経験で負けても、その分、日本の地方の事情がよくわかっているとか、お爺ちゃんお婆ちゃんに育てられたので高齢者の心理がわかるとか、何か勝っていること、できることがあるはずです。それをうまく使うほうが、はるかに仕事ができるように見られるはずです。

イライラする人は「結果だけ見る」、イライラしない人は「プロセスも見る」

目標設定の方法をほんの少し変えるだけで、私たちのイライラは圧倒的に減ります。

これは、心をスッキリと軽くする非常に有効な手段と言えるでしょう。

その理由は、私たちに潜在的にある「過程ではなく結果を求める傾向がある」という行動心理が関係しています。言い換えると、見返りを求めた目標は「イライラさせられるだけ損」ということになります。

ものごとの結果や見返りを求めてしまうことでイライラしてしまう身近な例をあげてみましょう。

ここ数年、話題になったダイエット方法に「レコーディング・ダイエット」というものがあります。レコーディング・ダイエットとは、食べた食品とそのカロリーをノートに記録していくだけで痩せていく効果が期待できるというもの。作家の岡田斗司夫さんが、自身のマイナス五〇キロの減量体験を元に綴った著書『いつまでもデブと思うなよ』（新潮社）で、一躍ブームに火がつきました。

ところが、その効果が話題になったとはいえ、一般的なダイエットと同様にレコーディング・ダイエットもすべての人が成功するわけではありません。イライラするばかりで肝心なダイエットにも失敗してしまう人もいます。レコーディング・ダイエットに失敗してしまうタイプの人は、次のような間違った目標設定をしているケースが多いのです。

たとえば、よくあるのが、「ダイエットに成功したら、自分へのご褒美としてゴルフシューズを買おう」などと賞罰をつけて目標を設定するパターン。**目標を決めれば、モチベーションが上がるのでさぞ効果的かと思いきや、じつはここがイライラを募らせたりダイエットに失敗してしまったりする落とし穴なのです。**

もちろん、賞罰をつけること自体は悪いことではありません。目の前にニンジンをぶらさげられた馬が疾走するのと同じで、私たちも具体的な目的があれば本能的にがんばることができるからです。

問題なのは、目標設定のほうです。

正しい目標設定をしなければ、目標も達成できませんし、イライラはかえってひどくなる一方でしょう。この場合で言えば、「一〇キログラムのダイエットに成功したら」ではなく、たとえば「三ヵ月間、レコーディングすることを続けられたら」ご褒美を与える、というような動機づけに基づいた目標設定をするべきなのです。

たとえ減量が思うようにいかなかったとしても、一定期間レコーディングを続けることができたなら、それはほめるに値することでしょう。つまり、結果でなく、行動のほうに目標をもってくるのです。

結果とは、必ずしも努力に比例するわけではなく、環境や運などにも左右されるものです。自分の力以外のことが影響を及ぼすことに賞罰をつけるのはフェアなやり方ではありません。結果だけを基準にしてもあまり意味はありませんし、それまでの努力が報われないことでイライラしてしまってはもったいないというものです。

仮に、「三ヵ月間、レコーディングを続けたのに痩せなかった」という人でも、行動に対してのご褒美が与えられればイライラは少なくなり、前向きな気持ちにもなれるでしょう。「四ヵ月目からは体重が減るかもしれないから、あと一ヵ月は続けてみよう」という希望を含んだ次の目標ができるからです。

しかも、行動のほうは、結果と違い、環境や運に左右されることが少なく、自分の努力と意思だけで達成が可能なのです。自分の力で変えられるとは限らない結果でなく、自分の力で変えられる行動のほうに賞罰をつけるなら、ずっとやる気だって湧いてくるでしょう。

結果ではなく行動を重視した目標設定をすることにより、イライラもなくなり、立てた目標も達成できるなら、一石二鳥の方法と言えるのではないでしょうか。

バカな人にイライラする人は「もっとバカ」

「他人と比べない」ことは、イライラしないための鉄則です。

「なぜ自分はこんな部署に配属されてしまったのだろう」「どうしてこんなヤツが自

分の上司なのだろう」というイライラは、多くのビジネスパーソンが抱えていると言っていいでしょう。そんなときは決まって、「あいつはいいよな、仕事がデキる上司の部下で」などと自分以外の人がうらやましく見えるものです。

ところが、**他人と比べることをやめなければ、いつまでもあなたのイライラの感情はおさまらないでしょう**。

このような場合の解決策を説明する前に、まずは「けっしてしてはならないこと」というタブーを押さえておく必要があります。それは、組織で働くビジネスパーソンの場合なら、理不尽な上司の悪口をなんの考えもなくそのまま口にするべきではない、ということです。

一〇〇パーセントの割合であなたのほうが正しかったとしても、組織での立場が下であれば、口にした悪口はあなたを不利にするものでしかないからです。

このことは、現代社会に始まったことではありません。徳川家康の時代から徳川家に仕えて「天下のご意見番」と呼ばれた大久保彦左衛門はこんな言葉を残しています。「御奉公申し上げても、不承面をして御奉公を申し上げたらば、御奉公にならず」。

これを現代風に解釈すれば、「この会社で働くと決めたならば、どんな上司であっても部下として機嫌よく働かなくては会社員の価値がない」ということになるでしょう。

バカな上司はいつの時代も存在しているものです。

だからといって、ふて腐れた態度を取っていても状況が変わるわけではありません。よけい悪くなるのがおちでしょう。

バカな上司と同じレベルになりたくなかったら、やけになってケンカをするとかサボるというようなバカなことをするのではなく、**与えられた仕事を仕事と割り切って一つひとつまじめにこなしていくしかない**——そのようなことを大久保彦左衛門は言っているのでしょう。コツコツと実績を積み上げてはじめて、やっと上司にも意見が言える立場になるわけです。

それを踏まえたうえでなお、他人がうらやましく見えて上司にイライラするようであれば、自分が心理的に上の立場に立つことが、イライラを解消するきっかけになります。

「こんなに頭の悪いヤツと戦っても意味はない」「哀れなヤツに本気で怒っても、エネルギーのムダ遣いだろう」というように、自分が上に立った考え方をします。心の中でさんざん罵倒するだけしたら、イライラの感情は和らぐはずです。口に出しさえしなければ、自分の立場も悪くなりません。

このように、自分の置かれた状況を他人と比べないことは基本のルールですが、万が一、イライラしてしまうようなことがあっても、考え方一つでイライラは軽減できるものなのです。

相手に近づきたいけど針がある
——「ヤマアラシのジレンマ」克服法

「本音で語り合える人は一〇人中、二人いればいい、最悪一人でもいい」。

そんな意識を持っている人は、やみくもに楽観的な人よりもイライラするリスクが低いと言えます。**「本音で語り合える人は一〇人中、二人いればいい」**ということは、極端な話、「一〇人中、八人は敵」と言っているようなもの。こう考えていれば、最初から他人に過剰な期待を抱くことはありません。

したがって、イライラせずにすむわけです。

こう書くと、「ずいぶんさびしい考え方だな」と思うかもしれません。ですが、それは誤解です。なにもその八人を「憎め」と言っているわけではありません。「本当に信頼できる人は二人いれば十分だ。残りの八人は、距離を置いて付き合うほうが人間関係がスムーズにいく」ということです。

たとえば、私のような仕事をしていると、いろいろな出版社の編集者との付き合いがあります。ですから、いつも同じ人と仕事をしているわけではありません。ここ数ヵ月はA社の編集者と密に会っているけれど、本が出てしまえば今度はB社の編集者との打ち合わせが頻繁に行なわれる、といった具合に仕事を進めていきます。

ですから、たとえばそのあいだになんらかのトラブルがあっても、無事に本が出版されればその後しばらくは会う機会も減るので、怒りは持続せず時間とともに薄れていくケースがほとんどです。やがて、偶然なにかのパーティで顔を合わせる機会があったとしても「懐かしい」と思い、楽しく談笑できるほどに感情が回復しています。

会わない時間に「そういえば自分にも悪いところがあったのかもしれない」「相手も悪気があったわけではないだろう」というように、感情をコントロールできるようになっているのです。

人間関係は感情で成り立っていますが、その感情は生き物です。

つまり、安定しているときもあれば調子の悪いときもあるし、どんなに安定した感情の持ち主であってもささいなきっかけで乱れることはあります。そんなときに、距離を置いた付き合いをしていることでイライラした気持ちをこじらせずにすむケースは非常に多いと言えるでしょう。

〝つかず離れず〟の状態がイライラしない人間関係を築くコツであることは、有名な心理学の言葉にも表れています。

「ヤマアラシのジレンマ」というのがそれです。

鋭い針で全身を覆われたヤマアラシが、ほかのヤマアラシと親しくしようとするならば、くっつきすぎてはいけません。相手に自分の針が刺さらないように、〝つかず離れず〟の距離を保つことが、イライラせずにうまくいく秘訣というわけです。

もともとは、近づきたいけど傷つくのが怖いという心理を表す精神分析の用語で、さらに言うと、この状態を哲学者のショーペンハウエルがたとえに出したのがオリジナルのようですが、今の心理学では、適当な距離をとることの大切さを論じる比喩にされることが多いようです。

「つかず離れず」がうまくいくコツ

長く一緒にいるには、適切な距離が必要。
過剰な期待が相手も自分も傷つける

本音で語り合える仲間がいることは、感情の安定した生活を送るうえでは重要なことです。ただ、それは一〇人中二人いれば十分で、残りの人はヤマアラシのように〝つかず離れず〟でいることがイライラしない人間関係の保ち方なのです。

「イライラしたときの自分」はどんな顔?

イライラしそうな気持ちをゼロにする方法には、大きく分けて二種類あります。

まず一つは、**ストレスと同じでイライラを「発散させる」こと**。

これは五章でくわしくお話ししますが、自分の行動を変えたり工夫したりすることで、発生したイライラを処理していくことを意味します。

もう一つは、**イライラを「かわす」こと**。

この代表的な方法の一つとして、自分にツッコミを入れることがあげられます。自分にツッコミを入れるとは、第三者の目線で客観的に自分を見ることを指します。

イライラしている人を見ると、多くの人は不快感を覚えます。

「あんなことでイライラするなんて、器の小さい人だ」「イライラを隠せないのは人間が練れていないからだろう」などと、思ってしまいがちですが、そんなときこそ「人のフリ見て我がフリ直せ」という諺を思い出してください。イライラしているあなたの姿は、間違いなく周りの人を不快にさせています。

イライラしないでいるために自分にツッコミを入れる具体的な方法としては、**「つねに誰かに見られている」と考える**ことも有効でしょう。「イライラしている自分を見られて恥ずかしい」と思うのは、ハッと我に返るチャンスだからです。

歌舞伎役者の中村勘三郎さんも、同じ要領で自分の感情を上手にコントロールしている人です。

あるとき、勘三郎さんの舞台を見にきていた有名な歌舞伎の評論家が、客席で芝居を見ずに眠りこけていたそうです。普通なら、「眠っていては、まともな評論などできるはずがないだろう」とあきれたり、イライラしてしまうところでしょう。ですが、勘三郎さんは「そんなふうに仕事を続けていくのは、非常にもったいないこと」と一笑したそうです。

そして、「どのような仕事であっても、続けていくのは大変なことだし、行く手を妨げるような真似は避けるべきだろう。必ず誰かに見られていると思ったほうがいいのではないだろうか」というような言葉で結んでいました。

イライラしそうになったときに、「あの人の仕事ぶりは、情けないな」「誰かが見ているに違いないのにね」と自分自身に問いかけるようにツッコミを入れることで、「そうだそうだ」という心からの同調する声とともに気持ちがフッと軽くなるのです。

これこそが、イライラを「かわす」ということ。

イライラしそうになったら、一度冷静になって自分にツッコミを入れてみることをおすすめします。そうすることで、イライラがダイレクトに表面に表れることなく、うまくかわすことができるはずです。

部下の前で「マイナス感情を完全に抑える」コツ

部下に対してイライラして、つい叱り飛ばしてしまうことがあります。

ただ、そのようなときは、叱る最初のひと言が肝心です。

そのひと言によって、部下の信頼をなくすだけではなく、自分の評価を下げる危険性まではらんでいるからです。

以前、政治家の小沢一郎氏が、政治献金の虚偽記載疑惑で騒がれたことがありました。小沢氏は最後まで国民の支持を得られませんでしたが、それは最初に「オレはやめない」と言って、逆ギレに近い態度をとってしまったからではないでしょうか。

もしもあそこで「事実であろうとなかろうと、ここまで気がつかなかったのは私の不徳のいたすところです」と言っていたら、どうでしょう。マスコミや国民の反応は、違ったものになっていたかもしれません。

はじめのひと言で失敗してしまう例は、政治の世界だけではなく私たちの一般社会にもたくさんあります。部下を叱るときにも、最初のひと言として言ってはいけないNGワードというものがあります。その最たる言葉が「だいたい、お前はいつも～」というもの。つまり、前から相手にイライラしていたことを匂わせる発言をしてしまうという失策です。

いくらイライラが募ったからといって、このようなひと言からはじまる叱り方では部下は反省するはずもありません。なぜなら、**これは部下のミスを叱るものではなく、**

単なる部下の人格否定とみなされるからです。

部下を叱るときは、どれほどイライラしていようと「気づかなかった自分も悪いのだけど～」という低姿勢のひと言から始めたほうが効果的です。結果的にそのほうが自分の評価が上がり、イライラの緩和にもつながります。

とっさのひと言は、その人の人格が表れることが多いので注意が必要です。

とくに、イライラしているときであればなおさら、感情のコントロールが甘くなるので不用意な発言には気をつけなければなりません。最初は冷静に下手に出ておいて、相手に反省させつつ周りからの信頼も得る。そして、最終的には、部下という人間を叱るのではなく、ある行動に対して叱っているのだというスタンスをとる。そうすれば、部下だって直さないわけにはいかなくなるのです。

こんな叱り方ができれば最高でしょう。

5章

今日から「人間関係がラクになる」コツ

上手にNOを言うコツ
——「NOの理由」に優先順位をつける

黒柳徹子さんという女優さんがいます。

彼女は女優でありながら、テレビドラマではお目にかかることがありません。

これは、あえてテレビドラマのオファーを受けないようにしているからだといいます。

司会を務める番組やバラエティ番組には出演しても、テレビドラマには出ない理由は「視聴者が誤解するようなことはしないでおこうと決めたから」と語っています。

つまり、ふだんの黒柳さんが見せる顔とは、違ったイメージの役でドラマに出たら、見ているほうが困惑するのではないか、と考えたわけです。

黒柳さんがそう考えたのは、じつに三〇年以上前だといいますから、以来ずっと断り続けてきたということになるでしょう。それでも人間関係を損ねることなく、仕事に支障をきたすわけでもなく、今日まで第一線で活躍しています。

黒柳さんの例から私たちが学べることは、「信念を持って断れば、誰も傷つくことはない」ということです。

不本意なことを頼まれたとき、「ガマンして引き受けてしまう人」と「上手に断れる人」がいます。

この二つのタイプは、イライラの量に大きな差があります。

もちろん、**上手に断れる人のほうが、イライラが圧倒的に少なくてすみます**。心の中では「NO」でも、ガマンして引き受けていればイライラが募るのは当然。そして、このイライラはやがてストレスになり、心身に影響を及ぼすようになるのです。

不本意なことでも「ガマンして引き受けてしまう人」の心理には、一つ共通項があるようです。

それは、「断ったら相手の気分を害すのではないか」と考えてしまうのです。人間関係にヒビを入れたくないがために、つい「YES」と返事をしてしまうことも多いでしょう。

黒柳さんのように、上手に断ることができさえすれば、その後もなんら変わりない状態で仕事、生活を続けることがいくらでも可能なのです。

では、上手に断れる人になるにはどうしたらいいのか。

「信念を持って断れば、誰も傷つくことはない」――これが「上手に断る」ことの秘訣でもあるのです。

単に「気が乗らないから」「面倒くさいから」という理由で断っても、自分もウソをついていることになるし、相手への説得力にも欠けるでしょう。すると、かえってお互いにイライラしてしまうという不幸な結果になります。

イライラしたくなければ、「なぜ断らなければならないのか」という理由をつけて断ること。その理由を真剣に考えること。そうすることで、相手も納得し、自分もイライラせずにものごとを進められるのです。

夫婦円満のコツ――「そうだね」「確かに」を口癖にする

夫婦のあいだで、イライラを減らすコツがあります。

まずは「でも」「そうは言っても」といったマイナスの言葉を使わないこと。これだけで、イライラがだいぶ減るはずです。

たとえば、夫婦ゲンカの例で考えてみましょう。

夫婦ゲンカというのは、きっかけはささいなことが多いものです。「あなたの飲みに行く回数が多い」「せっかくの休日なのにダラダラすごしている」などなど、どうでもいいことがきっかけになります。相手の感情的な言葉に、そのままの感情をぶつけるからケンカになるのです。

たとえば、飲みに行く回数が多いことを指摘されたときに「そうは言ったたって、付き合いがあるんだから仕方ないだろう」と反論したところで、あなたのイライラした気持ちはけっしておさまらないでしょう。それどころか、問題の解決にもいたっていないので、相手までますますイライラさせてしまいます。

「でも」「そうは言っても」は、言ったほうも言われたほうも、お互いにイライラを増長させる言葉なのです。

覚えておきたいのは、相手を言いまかすことがイライラを解消する方法ではない、ということです。

話や意見の内容が正しいかどうかよりも、相手の感情をいかに自分に近いところに寄せていくことができるかが、お互いのイライラをなくすカギなのです。

ですから、「あなたの飲みに行く回数が多い」「せっかくの休日なのにダラダラすごしている」などと言われたら、まずは「相手に同調するような言葉」を返すべきなのです。

たとえば、**「たしかに、そうかもしれないね」「そう言われてみれば、そうだね」**などと、まずは相手の意見を尊重してみること。ここが重要なポイントになります。感情には感情で返さないことが肝要です。さらに言うと、「やっぱりそのせいで嫌な思いをしていたんだ？」「せっかくの休日だから、たしかにどこか行きたいよね」などという言葉を重ねます。

相手は「自分の顔を立ててもらった」と気持ち良くなることで、今度はあなたに対して譲歩の気持ちが生まれるはずです。あるいは、自分の気持ちをわかってもらえたということで、気分が良くなることもあります。そこで次はあなたの番、つまり「でも、こっちにも事情があってね……」と自分の主張をつなげていけばいいのです。

相手も満足させて自分の主張も吐き出せるなら、お互いのイライラは減って当然でしょう。

夫婦の会話でイライラを減らしたいのなら、まずは自分が一歩引く話し方に変えること。それがイライラしない人になるコツです。

家庭のイライラをなくすコツ――「誤解の変格活用」を知る

「自分の家族はイライラが多い」と思ったことはありませんか。

もしそうだとしたら、**家族の構成員が「相手は自分のことをわかってくれるはずだ」という思い込みをしている可能性が高い**と言えるかもしれません。

たとえば、仕事で疲れて帰宅したとき。もっか育児に専念している妻がつくった食事を黙々と食べ、当然のように風呂に入り、整えられたベッドで眠る日々が続いたとします。

しばらくしたある日、突然、妻から別れを切り出されたときにはもう手遅れ。今さら家事や育児に対してねぎらいの言葉を伝えても、妻の心は夫から遠く離れてしまっていた……なんていうことになりかねません。

この夫の言い分は、「毎日、仕事で疲れて帰ってくるんだから、妻に家のことを任せているのは当たり前。養っているのは自分なのだから、いちいち感謝しなくてはいけないなんて筋違いだし、面倒くさい」といったものでしょう。

ただ、妻のほうは妻のほうで、「自分ばっかりが働いてる顔をして……。こっちだって、朝から晩まで育児で疲れているのに。わかってくれないなんて」と、じつはこちらもイライラしていたのです。

お互いに「相手が自分をわかってくれるはずだ」と思い込んでいたり、勘違いするのは、イライラの原因になります。

最初は、「わかってほしい」という謙虚な気持ちだったのに、いつしか「わかってくれるはずだ」と変化して、しまいには「なぜわかってくれないのか?」と「イライラの変格活用」が生じてしまうのです。

イライラしている人にとって、周りの人はみな自分よりも鈍感でわがままな人間に見えるもの。ところが、**周りから見ればイライラしている人こそ、わがままで自分勝手な人間に見える**のです。

イライラしたときは、このことを忘れないでください。

また、イライラしている人に対しては、「言いたいことがあるなら、言葉にして相手に伝えたらいいのに」と多くの人が思っています。イライラした気持ちを声にすることで、「なぜ自分はイライラしてしまうのか」というように、自分の気持ちも整理できます。

つまり、声に出して自分の気持ちを伝えることで、イライラの多くは解消できるのです。相手に自分の気持ちを伝えるのは、コミュニケーションの基本です。面倒がらずに、何にイライラしているのかを伝えてみましょう。

イライラ体質にならないコツ――「簡単に深く眠れる法」を知る

質の良い睡眠と十分な睡眠時間を取ることで、格段にイライラは減ります。**睡眠は、イライラの感情のコントロールには大きな影響を与えている**からです。

多くの人が自覚しているように、寝不足の日が続いているときは、ちょっとしたことでもイライラしたり、間違った判断をしてしまいがちです。これは、明らかに脳の働きが悪くなっている証拠。睡眠不足によって疲労が溜まった脳は、イライラの感情のコントロールができなくなってしまっているのです。

前にも少し触れましたが、睡眠不足は交感神経を興奮させるので、イライラを起こりやすくします。逆に**睡眠を十分取ることで副交感神経が活性化し、イライラの予防になる**のです。

たとえば、仕事場や家庭で、こんな経験はないでしょうか。

やらなければならない目の前の作業が多かったり、予定が過密で忙しかったりすると、私たちはついトゲのある行動をとってしまいます。

大きな声を出したり、八つ当たりをしたり、ついにはそのイライラが周りに伝染して、仕事場や家庭の雰囲気がますます殺伐としたものになっていってしまう……というものです。

クランクアップ間際の映画の撮影現場なども顕著な例でしょう。公開の日が迫っているのにスケジュールどおりに進行しなければ、何晩でも徹夜をして進めることになります。すると、あちこちでイライラが高じて、助監督が助手をののしったり、スタッフ同士でののしり合いがはじまったりと、収拾のつかない現場になると聞いたことがあります。

これらのケースもすべて、睡眠不足が原因でないとは言い切れないでしょう。**しっかりと睡眠をとっていれば脳も疲労を溜めることなく、いつでもイライラせずに正常な感情のコントロールができる**からです。

黒澤明という名監督は、凝り性で撮影日数が長かったり、気にいった天候になるまで何日も待った人として知られていますが、じつはほとんど残業をさせずに、撮り残しは翌日に回したということを聞いたことがあります。名監督は、スタッフや役者が疲れていたら良い仕事ができないことを承知していたのです。

睡眠は、五時間未満なら、確実に翌日の作業能率に支障をきたすと言われています。ただ、取る時間の「量」も大切ですが、同じくらい「質」にもこだわりたいものです。

そこで、イライラしないために質のいい睡眠を取るための五つのポイントをご紹介しましょう。

①「夕食は午後九時までにすませる」

寝る直前に食事をとると、胃腸が活動し始めてしまうため、体を休めることができません。夕食は遅くても午後九時までにすませるようにしましょう。どうしても遅くなるときは、すぐにエネルギーに変わるように、うどんや粥など炭水化物を中心とした消化にいいものがおすすめです。

②「寝室の照明は暗くする」

網膜を通して入る光の刺激が脳を刺激しないように、寝るときの寝室の照明はなるべく暗くしておくことが望ましいと言われています。就寝前は間接照明にするなど、光を意識した環境づくりを心がけましょう。

③「寝る前に深呼吸をする」

一日の体の疲れをほぐすことで、スムーズに睡眠に移る効果が期待できます。首や肩を回すなどの軽いストレッチが理想ですが、できない場合は意識的に深呼吸を三、四回（これは個人差があるので、一人ひとりちょうどいい回数を試してみてください）してみるという方法でもいいでしょう。体を内側からマッサージしてあげるイメージで。

④「入浴は就寝の一時間前」

入浴することで上がった体温が、布団に入るころに徐々に下がっていくことで眠気を誘いやすくなります。また入浴は副交感神経を活発にする働きがあり、それも体をリラックスモードにしてくれます。ただし、湯船の温度があまり熱いと逆に交感神経を刺激するので、ややぬるめ（湯船の温度は四〇度を超えないようにして、少しゆっくり時間をとって（一〇分から二〇分は入っていたいものです）リラックスした入浴をしましょう。

⑤「テレビは番組を選んで見る」

寝る前にテレビを見る習慣のある人は、番組選びに工夫すると安眠ができます。凄惨な事件のニュースやリアルなドキュメンタリー番組、ホラー映画など、感情を過剰に刺激するような番組は避けたほうがベター。精神的なストレスを受けないほうが入眠しやすいでしょう。

これらは、スムーズに睡眠に入るテクニックですが、中年以降になってくると、途中で目が覚めてくるなど、質の悪い睡眠になりがちです。こういうことがあると、翌朝、あまり疲れがとれた感じがしないため、やはりイライラの素になります。

眠りを深くするコツは、二つのことが知られています。

一つは、**肉類をきちんととる**ことです。

セロトニンという神経伝達物質が足りないと、夜中に目が覚めやすくなります。夜中に目が何回か覚めるような場合は、それが足りない可能性があります。

この予防としては、肉などの動物性タンパクを積極的にとる必要があります。日本人は肉を減らすべきということを言う人も多いようですが、欧米人がとりすぎとしても、日本人は、欧米人の三分の一から四分の一程度しか肉をとっていないので、ある種のアミノ酸が足りないためにセロトニン不足が起こる危険は小さくないのです。

もう一つは、睡眠覚醒のバランスをとるメラトニンというホルモンの不足です。

これについては、**昼間の運動を増やすとか、太陽にあたること、なるべく明るいところで仕事をするなどである程度予防可能**とされています。

質の良い睡眠を取れば、翌日までに感情のリセットが可能になります。イライラを溜めない生活は適正睡眠からはじまるのです。もちろん、あまりひどい場合は薬の力を借りることもけっして悪いことではありません（もちろん、これも適量という条件がありますが）。

「イライラの素」を消すコツ——「DTR評価」ツールを使う

書くという行為は、意外な効用があります。

たとえば、**イライラの原因を書き出してみる。すると、それだけで急速にイライラする気持ちがおさまってくる**ことさえあるのです。

書いているうちに、イライラしている自分を客観的に見ることができたり、「なぜイライラしているのか」という部分に気がついたりするというメリットがあるからでしょう。そして、いつのまにかイライラが消えて、気持ちが楽になっているという算段です。

具体的な方法としてはＤＴＲ（Dysfunctional Thoughts Record 非適応的な思考の記録）という認知療法で用いる手法を活用します。はじめのうちは家族や親しい友人にサポートをお願いするといいでしょう。

ここでは、「心当たりがないのに不機嫌な上司に呼び出されて注意されて、非常にイライラした」というケースで考えてみましょう。

この場合、まずはじめに書くのは「状況」の欄なので、「不機嫌な上司に注意された」と記入します。

次に、そのときの気持ちを思い出して、それぞれの感情をパーセンテージで申告しましょう。たとえば、「イライラ九〇パーセントと不安三〇パーセント」というように、合計が一〇〇パーセントにならなくても構いません。

さらに、「上司に注意されたときは、どう思ったか?」と、確信の度合いを追求していきます。「上司が自分のことを嫌っているので、リストラされるのではないかと思った」ということであれば、「その可能性は一〇〇パーセント?」と自分に問い、「九〇パーセントくらい」という答えであれば、残りの可能性を探ります。

「自分を左遷する可能性が二〇パーセント、今後もボロクソに言いつづけるだろうという可能性が五パーセントくらいある」ということなら、今度はトータルが一〇〇パーセントになるようにしなければならないので、必然的に「リストラされるのでは」という可能性は、七五パーセント（100－(20＋5)）になります。

ここで注目したいのは、はじめに感じていた「リストラされるのでは」という確信

「DTR評価」ツールで、イライラをなくす

状況 状況を簡単に記載する	不機嫌な上司に注意された ……etc.
感情 0%から100%で評価する	イライラ90% 不安30% ……etc.
自動思考 そのときの感情の内訳を、0%から100%で評価する	上司が自分のことを嫌っているので、リストラされるのでは？ 90%→75% ……etc. 自分が左遷される可能性 20% ……etc. 今後もボロクソに言い続けるだろうという可能性 5% ……etc.

（当初は一〇〇パーセントと思っていたかもしれません）が九〇パーセントから七五パーセントまで下がっていることです。

この作業をもっと続けていくと、「私の仕事のやり方を変えてくれという意味合いも五パーセントくらいあるかもしれない」などと、もう少し建設的な推論もできるようになっていくことは珍しくありません。また、上司が不機嫌な顔をしていたという状況や、上司が自分のことを嫌っているという推理も、客観的な根拠がないことに気づくこともあるでしょう。

このように**書いていく作業を通じて、自分で自分のイライラした気持ちをコントロールできるようになっていく**のです。

このDTRは、もともとは、うつ病で悲観的な思考しかできなくなっている人にほかの可能性を考えさせるツールとして使われたものです。ただ、イライラしている人を楽な気持ちにさせる効果も十分考えられるのです。イライラしたときは、ぜひこのDTRの表を活用してみてください。

カッとしないコツ――「甘いものを食べる」＋「体を温める」

いわゆる「キレる」という状態は空腹時に起こりやすいと言われています。

これはサバンナにいる動物を考えてもわかることでしょう。

ライオンがシマウマを襲うのは、決まって空腹時です。満腹時には、たとえ目の前をゆっくりとシマウマが歩いていたとしても攻撃衝動は高まりません。

人間も動物と同じで、空腹時はイライラする気持ちが高まり、満腹時は穏やかな気持ちでいられるものなのです。

その理由は、「血糖値」にあります。

血糖値とは、血液中のブドウ糖の濃度のことです。つまり、血液中のブドウ糖が薄いほど私たちはイライラしてしまうというわけです。

「イライラしない人」は、毎朝、しっかりと朝食をとっている人が多いということも、血糖値が関係していると言えるでしょう。なぜなら、朝食抜きで午前中の作業を始めれば、必然的に攻撃性が高まることになり、イライラを募らせてしまうからです。

最近では、メタボリックシンドロームを気にしすぎるあまり、「栄養は減らしたほうがいい」とする風潮がありますが、ことイライラに関しては間違った考え方と言っていいでしょう。

じつは、現在、私たち日本人が抱えている問題の一つに、「低栄養」というものがあります。

厚生労働省のエネルギーの食事摂取基準では成人が一日に摂取するカロリーの目安は三〇歳から四九歳の男性で二三〇〇（デスクワークのみの場合）～二六五〇（通常レベルの軽労働や通勤や家事、軽いスポーツを含む場合）キロカロリー、女性では、一七五〇～二〇〇〇キロカロリーと言われています。

肉体労働やスポーツを活発にしている場合は、同じ年代だと、男性で三〇五〇キロカロリー、女性でも二三〇〇キロカロリー必要です。ところが実際は、一日に一八〇〇～一九〇〇キロカロリーしかとっていない男女も多く、必要以上にメタボを気にするどころか、エネルギー不足と言っていいのです。

ちなみに一六〇〇キロカロリーを切ると飢餓のレベルと言われていて、先進国で二〇〇〇キロカロリーを切っている国は日本しかありません。栄養の観点から考えれば、**世界でも日本人はもっともイライラしやすい民族だと言えるかもしれません。**

イライラしない一日をスタートさせたいなら、まずは朝食をしっかり食べること。その後も、必要な栄養は断続的に摂取していくことが「イライラしない人」になるための食事との付き合い方なのです。実際、微量元素の不足もイライラの原因の一つにあげられています。イライラしたくなければ、食事をしっかりととるべきなのは間違いなさそうです。

また、食事との付き合い方で言えば、「イライラしたときに甘いものを食べたら、気持ちが穏やかになった」という経験をしたことはありませんか？

実際、甘いものを食べると、すぐに精神的な快感をもたらすことは動物実験でも証明されています。じつは甘いものに限らず、食べものによってイライラした気持ちを緩和させることは可能です。

そこで、どんな食べものがイライラの解消に効果があるのかを、次の三つのカテゴリーに分類して見ていくことにしましょう。

①甘いもの

「疲れたな」と感じたときに甘いものが欲しくなるのと同様、イライラしたときにも甘いものを食べると心が落ち着くことがわかっています。

動物実験によっても、甘さを感知する味覚の刺激で脳内の快感物質であるエンドルフィンが増えることが証明されています。

チョコレートやココアも注目が集まっている食品の代表格でしょう。ギャバとテオブロミンという二つのリラックス成分が含まれているから、というのがその理由です。一日二六ミリグラム摂取してイライラやうつ病などが改善したというデータもあります。

また、テオブロミンはイライラを抑えるリラックス効果があるだけではなく、血流を良くして体を内側から温める働きもあると言われています。

イライラしたときに甘いもの、とくにチョコレートのようなものが食べたくなるのは、心理的な問題ではなく、じつに理にかなったことだったのです。

②温かいもの

冬ではなくても、温かいものを飲んだり食べたりすると私たちは、なぜかホッとします。それは、温かいものを飲んだり食べたりすることで、イライラしているときには活発だった交感神経の働きがゆるくなるからでしょう。

なぜ、温かい飲みものや食べものは、交感神経をゆるめるのか。

それは、体内に取り入れることで体全体の温度が上昇し、消化管付近の神経が刺激されることで副交感神経が優位になるからです。一章でお話ししたとおり、副交感神経が優位になるのは私たちが寝ているときやリラックスしている状態のときですから、イライラがおさまるのは当然のことと言えるでしょう。

具体的には、温かい緑茶を飲むのも良いでしょう。

緑茶にはテアニンという成分が含まれています。テアニンを使った研究では、日中のストレス解消には一日に五〇ミリグラム摂取すると効果があると言われています。湯飲み一杯の緑茶には約一〇〜三〇ミリグラムのテアニンが含まれているので、「イライラしているな」と感じたら、緑茶を数杯飲んでみるのも効果が期待できるでしょう。

③アミノ酸を多く含むもの

イライラした気持ちを安定させる働きのある脳内物質は、セロトニンと言ってうつ病のときに減ることでも知られているものです。

このセロトニンの原料となるトリプトファンという物質の正体はアミノ酸。つまり、このアミノ酸を上手に摂取することでイライラが緩和できるというわけです。

このアミノ酸を含む食品は肉や魚、豆類など多くの食品があげられます。

一グラムあたりに含まれている量は、ヒマワリの種、すじこ、チーズなどが多いのですが、そんなにたくさん食べるのは困難でしょう。一日一〇〇グラムくらいを目安に肉類を食べたり、朝、納豆を確実に食べるというのであれば、足りないということはないはずです。

このように正しい食生活は、体だけではなく私たちの心にも深い影響を与えることがわかってきています。

だからと言って、同じものばかりを食べ続けていてはバランスを崩してしまいます。**イライラを緩和させるためには、今の食生活を改めて見直してみることも必要**でしょう。

お酒で発散するコツ——「飲む量」より「飲む相手」に気をつける

イライラは、あなたの行動や健康に悪影響を与えます。

健康な体で長生きするには、イライラするのでなく、上手にリラックスすることが大切。ただ、そのリラックス法にもいくつか落とし穴があるので、それについてお話ししておきましょう。

リラックス法は人によってさまざまですが、ビジネスパーソンであれば「お酒」と「タバコ」をあげる人は多いのではないでしょうか。たしかに、イライラしているときの一服や仕事の憂さ晴らしの一杯は、リラックスする瞬間でもあります。

問題は、たしなみ方と量についてでしょう。

お酒の場合、アルコール自体にリラックス効果はあまり期待できません。とくに量が増えると、交感神経は興奮してしまいます。

ですから、一人で飲んでもさほど意味はなく、相手と会話を楽しみながら飲むことではじめてリラックスできるのです。**仲間や家族、恋人と適度な量を守ったお酒を飲むことで、イライラを上手に消化することはできそうです。**

ただ、会社の上司であれ、同僚であれ、本音を言えず、気を遣う関係では、なかなかストレスの解消には使えません。自由に愚痴を言い合える、本音を言い合えるような相手であることが大切です。

つまり、お酒を飲むことより、お酒の相手の受容度のようなもの、相手のパーソナリティも大切な要素です。

たしかに本音は言い合えるのだが、相手が一方的に話し、こちらがいつも聞き役とか、相手の自慢話にばかり付き合わされるというのでは、これも逆にストレスになるかもしれません。こちらが愚痴をこぼしたら、正直なレスポンスを返してくれたり、それを受け止めてくれる関係性も大切です。

もちろん、ときには相手の愚痴も聞いてあげるギブアンドテイクの姿勢がないと付き合いが長続きしません。

ただ、アルコールというのは、あまりに深酒をすると、かえって神経伝達物質が枯渇してしまい、うつになりやすくなったり、イライラが高まってしまいます。寝不足もイライラにつながりやすいので、日本酒にして、二、三合程度、終電がなくなるまでに帰れるくらいの飲み方も大切です。

タバコは、どうでしょうか。

いつも悪者扱いをされるタバコですが、意外なことにタバコに含まれるニコチンにはイライラを減らす作用があると言われています。脳科学の分野では、「喫煙者は非喫煙者に比べてアルツハイマー病になりにくい」という報告もあるほどです。

ところが、ここが落とし穴なのです。

タバコを吸うことでイライラは取れても、ガンや動脈硬化などの危険性は高まるからです。結果的に、体へのダメージは避けられないということであれば、タバコも最良のリラックス法とは言えません。

ただ、一度タバコを吸う習慣がついてしまうと、依存状態になりやすいため、やめるとイライラはかなり激しいものになります。ニコチンパッチなどを使いながら、医師の指導の下で楽な形で減らしていくことも大切でしょう。**最近は、禁煙の大ブームですが、絶対にやめなければいけないという、過度なガマンはかえってイライラを高めて体に悪いかもしれません。**

近年は、社会的に嫌煙運動も盛んになり、タバコを吸える場所もずいぶん制約されてきましたし、値段もかなり上がって簡単には吸えなくなってきました。どうしてもやめられない人は、吸える場所だけで、できればタバコ仲間と愚痴をこぼしながら、ときどきしか吸えない一服を楽しむというのが良いでしょう。

今日から「イライラ」をなくすコツ――今、すぐ「やる」

私は仕事上、受験生にアドバイスをすることが少なくありません。

調子が乗っているときには、どんどん先に進んで勉強する。逆に**調子が悪いときは、復習に力を注ぐ**というのが、私の基本的な指導法です。

調子のいいときに一〇進める生徒でも、三しか進めないときは必ずあります。そんなときは、調子が出ないまま三進めるよりも、実力をつける時期だと思って、これまで進んできたところの復習をして足固めをしたほうが、のちのち復調したときに大きく飛躍することができることがわかっているからです。

また、調子が悪いときとか、スランプのときに復習すると、一つにはふだんなら雑に復習をするところが、「自分がダメなんじゃないか」と思っているので、よりできないところのチェックが細かくなります。さらには、先に進むのと比べて、復習の場合は、一度やったところなので意外にできることもあります。それが自信になって、調子を回復することが珍しくありません。ということで、調子のいいときと悪いときで、勉強のパターンを変えることをすすめているのです。

これは仕事でも当てはまりますが、例外もあります。

たとえば、イライラが原因で仕事のペースが下がっていても、すぐに作業に取りかかることで仕事に集中できるケースがあるからです。

イライラしている人は、絶対的に集中力が欠けています。仕事に集中しようと思っても、イライラの原因になることが気になってしまうため、気がつけばイライラしたまま何十分もすぎていた、ということにもなりかねません。

もっとも理想的なのは、「イライラしているときは無理して仕事をせずに、休息を取る時期にあてよう」というものですが、会社に勤務するビジネスパーソンの場合、そうも言っていられないこともあると思います。そんなときに提案したいのが、こちらの方法です。

イライラせずに仕事に集中したかったら、すぐに作業に取りかかること。

経済学者のマルクスは、主著『資本論』にこんな言葉を残しています。

「ここがロドスだ、ここで跳べ」――。

この言葉は、イソップ童話が原点になっています。あるほら吹き男が、旅先から帰ってきて、故郷の人たちに自分の跳躍力について自慢をしました。「ロードス島（ロドス）では、オリンピック選手も敵わないくらいのジャンプをしたものだ。ウソだと思うなら、ロードス島に行って、その場にいた人々に証人になってもらうといい」と。するると、こう言い返されました。「その話が本当なら証人なんて要らない。ここがロードス島だ。さあ、跳んでみろ」。

マルクスは、この童話を資本主義の矛盾に異議を唱える形で引用したのです。「経済学者の理屈はもういい。今するべきことは、すぐに行動を起こすことだ」という皮肉を込めたのです。

話は少しそれましたが、「四の五の言っていないで、とにかく行動しよう」という意味では、マルクスの意見は、イライラする人にも当てはまるでしょう。イライラを断ち切るのは「行動」だからです。

行動をしなければ、イライラもそのほかのストレスや悪感情も、いつまでも溜め込んでしまうだけなのです。

イライラしているから集中できないと言って、何もしないでいると、イライラが増幅することがあります。逆に、仕事をとりあえずやってみて、少しノリが戻ってくると、イライラはウソのように消えていたということは珍しくありません。

感情は自分の力では変えられなくても、行動は変えられる。

行動を変えれば感情も変わってくるというのは、現在、欧米流の行動療法や、東洋流の森田療法でも有効とされている治療の大原則なのです。

本書は、本文庫のために書き下ろされたものです。

和田秀樹（わだ・ひでき）
一九六〇年大阪府生まれ。八五年に東京大学医学部卒業後、東京大学附属病院精神神経科助手、米国カール・メニンガー精神医学校国際フェローを経て、現在は精神科医。川崎幸病院精神科顧問、国際医療福祉大学教授、一橋大学経済学部非常勤講師、和田秀樹こころと体のクリニック院長などを務める。「仕事術」から「勉強術」「心理学」まで、広範なテーマで数々のベストセラーを著しており、その方法論には多くの信奉者がいる。おもな著書に、『「心が強い子」は母親で決まる！』（三笠書房刊・知的生きかた文庫）のほか、『人は「感情」から老化する』（祥伝社）、『「感情の整理」が上手い人下手な人』（新講社）、『テレビの大罪』（新潮社）など話題作がある。
［和田秀樹オフィシャルブログ］
http://ameblo.jp/wadahideki/

知的生きかた文庫

今日から「イライラ」がなくなる本

著者　和田秀樹
発行者　押鐘太陽
発行所　株式会社三笠書房
〒一〇二-〇〇七二　東京都千代田区飯田橋三-三-一
電話〇三-五二二六-五七三四〈営業部〉
〇三-五二二六-五七三一〈編集部〉
http://www.mikasashobo.co.jp
印刷　誠宏印刷
製本　若林製本工場

ISBN978-4-8379-7927-2 C0130

知的生きかた文庫

40代からの「太らない体」のつくり方

満尾 正

「ポッコリお腹」の解消には激しい運動も厳しい食事制限も不要です！　若返りホルモン「DHEA」の分泌が盛んになれば誰でも「脂肪が燃えやすい体」に。その方法を一挙公開！

女40代からの「ずっと若い体」のつくり方

満尾 正

「基礎代謝力」「ホルモン力」「免疫力」。ちょっとした習慣でこの三つの力を高めれば年齢なんて怖くない。あなたの中の「若返りの仕組み」が目覚める本！

1日1回 体を「温める」ともっと健康になる！

石原結實

体温が1度下がると、免疫力は30％落ちる！　この1日1回の「効果的な体の温め方」で、内臓も元気に、気になる症状や病気も治って、もっと健康になれる！

疲れない体をつくる免疫力

安保 徹

免疫学の世界的権威・安保徹先生が、「疲れない体」をつくる生活習慣をわかりやすく解説。ちょっとした工夫で、免疫力が高まり、「病気にならない体」が手に入る！

一生、「薬がいらない体」のつくり方

岡本 裕

なぜ、「9割の薬」は飲んではいけないの？――体本来の免疫力を下げてしまうからです。医者にかからず、薬に頼らず、「元気で長生きしたい人」必読の書！

C50130